MAURICIO RITO | MIRO MORAES

A HISTÓRIA DAS CAMISAS DA

1916 1972 1993 2021 2004 1987

S.E. PALMEIRAS

PREFÁCIO DE **MAURO BETING**
TEXTO QUARTA CAPA DE **ABEL FERREIRA E COMISSÃO**

Camelot
EDITORA

Copyright © 2022 Mauricio Rito / Miro Moraes

Direitos reservados e protegidos pela lei 9.610 de 19.2.1998.
Nenhuma parte deste livro pode ser reproduzida, arquivada em sistema de busca ou transmitida por qualquer meio, seja ele eletrônico, xérox, gravação ou outros, sem prévia autorização do detentor dos direitos, e não pode circular encadernada ou encapada de maneira distinta daquela em que foi publicada, ou sem que as mesmas condições sejam impostas aos compradores subsequentes.
1ª Impressão 2022

Presidente: Paulo Roberto Houch
MTB 0083982/SP

Diretor editorial: Mauricio Rito
Coordenador editorial: Mauricio Rito
Assistente editorial: Miro Moraes
Projeto gráfico e diagramação: Mauricio Rito
Ilustrações camisas: Mauricio Rito
Revisão: Luiz Fernando Testa e Guilherme Cimatti

Vendas: Tel.: (11) 3393-7727 (comercial2@editoraonline.com.br)

Impresso no Brasil.
Foi feito o depósito legal.

Dados Internacionais de Catalogação na Publicação (CIP) de acordo com ISBD

R611h   Rito, Mauricio
         A História das Camisas da S. E. Palmeiras / Mauricio Rito, Miro Moraes. –
         Barueri, SP : Camelot Editora, 2022.
         272 p. ; 20,5cm x 28cm.

         ISBN: 978-65-80921-63-8 (Capa Dura)
         ISBN: 978 65-80921-46-1 (Brochura)

         1. Futebol brasileiro. 2. Sociedade Esportiva Palmeiras. 3. Camisas. I. Moraes, Miro. II. Título.

2022-3234   CDD 796.3340981
                               CDU 796.332(81)

Elaborado por Odilio Hilario Moreira Junior - CRB-8/9949

Direitos reservados ao
IBC — Instituto Brasileiro de Cultura LTDA
CNPJ 04.207.648/0001-94
Avenida Juruá, 762 — Alphaville Industrial
CEP. 06455-010 — Barueri/SP
www.editoraonline.com.br

Conteúdo atualizado até o dia: 10/09/2022

A cada final de temporada as atualizações estarão disponíveis no site oficial do Palmeiras para downloads, assim você estará sempre atualizado com seu livro.

A HISTÓRIA DAS CAMISAS DA
S.E. PALMEIRAS

Única Pele

Não é a segunda pele. Nem a primeira. É a única. Foi Palestra quando nasceu em 1914. É Palmeiras desde 1942. É a nossa alma de periquito e espírito de porco até a partida final. Quando estaremos muitos vestidos para a viagem final como muitos desde a maternidade têm na porta do quarto o nosso uniforme.

Por mais que nosso amor incondicional não seja uniforme, ele é único. Mas pode ter varias formas. Até mesmo cores. Quatro num ano. Mais os dos anjos guardiões das academias de goleiros. Vários fornecedores. Muitas trocas de camisas como quem troca de camisa. Faixas como as de campeão. Listas como as de títulos. Combinações como as tabelinhas Dudu e Ademir. Números como o Divino 10 e o deca único. Doze que jogam pelos 11 que São Marcos. Malucos como César. Animais como Edmundo. De cabeça fria como Abel, de coração quente vestido pela armadura que nos investe de poder. Com P de Palmeiras. Tamanho P de tão GGG.

Qual a camisa mais linda? Todas.
Qual a que eu mais gosto? A que eu uso, campeão.

A HISTÓRIA DAS CAMISAS DA S.E. PALMEIRAS

Agradecimentos

Mauricio Rito

Muitos são os planos no coração do homem, mas o que prevalece é o propósito do Senhor.
Provérbios 19:12

Agradeço a Deus por este grande momento em minha vida, pela oportunidade de poder fazer parte da história literária do meu time de coração. E não posso deixar de mencionar a minha família, que está sempre ao meu lado, minha esposa, Edna, minhas filhas Raíssa e Thaíssa, bem como meus familiares em geral, irmãos, Ricardo e Silvana, mãe, Maria (Tia Fia), sogros, Silão e Dona Helena, cunhados, Dudu, Lucélia, Edinho e Elaine, e para finalizar os meus sobrinhos, Edgar, Guilherme, Manuela, Gabi e Rafinha.

Miro Moraes

Primeiramente agradecer a Deus por me dar saúde e força para realizar este projeto. Claro, agradecer toda minha família, meus Pais (in memoriam) e meus irmãos pelo incentivo.
Não posso esquecer de agradecer todos meus amigos que muito me apoiaram, em especial, àquele que sempre me aconselha, o Sr. José Ezequiel de Oliveira Filho; meu Mestre em história do Palmeiras, Fernando Galuppo; aquele que abriu as portas onde me encontro hoje, trabalhando no meu clube de coração, o amigo Bruno Elias; e outros pesquisadores e historiadores como: Fábio Marcello, maior conhecedor de esportes amadores; Júlio Ragazzi; Jota Roberto; Yvo; Valdir; Mariano Barrella.

A HISTÓRIA DAS CAMISAS DA
S.E. PALMEIRAS

Agradecimento Especial

Leila Pereira
Presidente
S.E. Palmeiras

Paulo Buosi
Vice-Presidente
S.E. Palmeiras

Everaldo Silva
Diretor de Marketing

Eduardo Silva
Superintendente
de Marketing

Thiago Amorim
Gerente de Marketing

Beatriz Rosa
Coordenadora Varejo
e Licenciamento

Pessoas que colaboraram com esta obra:

Bruno Elias, Clebes Roberto de Souza Junior, Clemilson Sena, Cleuberto Araujo Conceição, Fernando Galuppo, Guilherme Cimatti, Jadson Sena, José Ezequiel de Oliveira Filho, Jota Roberto, Luiz Fernando Testa, Marcelo Fortunato, Matheus Gonçalves Danhone, Maurício Simões, Tiago Costa, Vitor Hugo de Freitas dos Santos, William Firmino de Jesus e Wando Pires.

A HISTÓRIA DAS CAMISAS DA
S.E. PALMEIRAS

Introdução

O livro foi feito a partir de referências fotográficas do Palmeiras. Verdadeiras radiografias dos uniformes em mais de 100 anos de lutas e de glórias. Em alguns casos, no entanto, as imagens do nosso acervo não são coloridas. Mas buscamos detalhes em livros, matérias e relatos de jogos. Isso aconteceu principalmente nas primeiras temporadas do clube, nascido em 1914. As camisas foram redesenhadas e retratam os detalhes das originais. Você vai reparar que são ilustrações, o que impede a exatidão. Pequenos detalhes, por falta de boas referências e de baixa qualidade das fotos, podem ter ficado de fora.

A reprodução fidedigna dos escudos também pode ter sofrido distorções por conta desse mesmo motivo. Outra curiosidade é a numeração dos nossos craques. Ela, porém, é aleatória durante as temporadas. Em alguns casos procuramos colocar os nomes de jogadores que foram destaques na estreia das camisas. Como um gol, por exemplo, com o novo manto palestrino. O espaço está aberto para quem tiver algum detalhe extra, correção ou curiosidade. É só entrar em contato conosco através dos seguintes e-mails.

mritos@gmail.com (Ilustrações / Pesquisa)
miro.moraes@palmeiras.com.br (Pesquisa)

A HISTÓRIA DAS CAMISAS DA S.E. PALMEIRAS

Sumário

Prefácio 08
Escudos camisas 13
Mantos históricos 14
Patrocinadores / Fornecedores 18

Camisas 1915 a 1969 28
Camisas 1970 a 1977 39
Camisas 1978 a 1991 45
Camisas 1992 a 1993 59
Camisas 1994 a 1995 64
Camisas 1996 a 1997 69
Camisas 1998 a 1999 75
Camisas 2000 a 2002 82
Camisas 2003 a 2005 90
Camisas 2006 a 2008 97
Camisas 2009 a 2010 104
Camisas 2011 113
Camisas 2012 120
Camisas 2013 127
Camisas 2014 134
Camisas 2015 a 2016 141
Camisas 2017 151
Camisas 2018 159
Camisas 2019 a 2020 166
Camisas 2021 a 2022 173

Camisas goleiros 183
Camisas treino / comissão 208
Uniformes campeões 227
Uniformes completos 245

Referências 271
Dados Biográficos 272

A HISTÓRIA DAS CAMISAS DA
S.E. PALMEIRAS
Prefácio

A sua primeira camisa!!!

Qual torcedor não tem aquela recordação da sua primeira camisa do Verdão? A camisa do primeiro título; a que você usou na primeira vez que foi ao estádio; a que te levou às lágrimas, sejam nos momentos bons ou ruins; E a camisa do ídolo improvável, aquele que marcou o gol de um título importante para o nosso Palestra. Pois bem, todos têm uma camisa em sua recordação.

Este livro traz para o torcedor a história dos mantos usados pela Sociedade Esportiva Palmeiras ao longo dos seus mais de cem anos. Uma pesquisa aprofundada ao longo de mais de 10 anos em acervos de jornais esportivos, colecionadores e historiadores palmeirenses. Foram levantadas imagens das partidas ano a ano do clube, em campeonatos disputados nos gramados do Brasil e no mundo.

Neste material podemos ver em ilustrações a evolução não só das camisas, mas também dos uniformes usados pelo Palmeiras. Os fornecedores e patrocinadores que estamparam as suas marcas em nossa camisa, patchs de competições e campeão, uniformes completos, camisas de títulos, além de um bônus especial com camisas de goleiros e treinos.

Um material que vai levar o palmeirense a voltar no tempo e recordar as camisas que marcaram as suas vidas nas arquibancadas alviverdes. Aproveite ao máximo esta viagem no túnel do tempo dos mantos palestrinos.

Mauro Beting

MAURICIO RITO

▶ PRIMEIRA CAMISA

1983

Minha primeira camisa do Verdão foi um presente de aniversário dos meus padrinhos, Agostinho e Mequita. Lembro que era fim de ano e eles me deram de presente um valor em dinheiro. Fui com a minha mãe até uma loja e comprei aquela camisa verde que brilhava muito na vitrine. O curioso desta camisa era o fato de não ser um modelo oficial do clube, pois na época a fornecedora Penalty fabricava camisas de vários clubes sem ter a preocupação de uso de imagem ou direitos de copyright.

▶ PRIMEIRO JOGO

1986

A primeira partida em um estádio de futebol a gente nunca esquece. Diferente de muitos garotos da minha idade, acabei indo pela primeira vez a um jogo com 15 anos, graças ao meu vizinho palmeirense "Bill". O Verdão encarou o São Paulo, no Morumbi, pelo Campeonato Paulista. Empatamos em 1 a 1. O Verdão entrou em campo com essa camisa na ocasião. Naquele mesmo ano vivi outros jogos marcantes, como o empate contra o Santos, no Palestra Italia, com golaço do Jorginho de bicicleta, além de um 5 a 1 contra o Corinthians.

▶ JOGO INESQUECÍVEL

1993

Como não lembrar daquele dia 12 de junho de 1993? Essa camisa entrou para a minha história. Foram dezesseis anos de fila. Nunca tinha comemorado um título, mesmo porque eu tinha apenas cinco anos em 1976. Aquela camisa verde com listras em branco entrou para o "hall" das minhas favoritas. Naquela tarde fria do Morumbi, o gol do Zinho (de perna direita!), abrindo a porteira para o título. E o Evair, batendo pênalti com maestria, fez soltar da garganta o grito que estava entalado há 16 anos: "É campeão".

MIRO MORAES

 **PRIMEIRA CAMISA**

1972

A minha primeira camisa. Lembro quando um primo, que morava na Capital, me trouxe de presente este manto maravilhoso. Ainda não entendia muito o que era ser um torcedor. Esse primo que me apresentou o Palmeiras. Acredito que ele tinha conseguido com algum jogador. Era oficial, tinha o número 12 costurado nas costas e o escudo era bordado. Linda! Nem imaginava a raridade que havia recebido, mas amava aquela camisa verde! Usava sempre que podia. Lembro de uma ocasião especial que a usei com maior orgulho do mundo: foi em 1979, quando o Palmeiras bateu a equipe do Flamengo por 4 a 1. Ao final da partida, fui até o centro de minha cidade e festejamos aquela brilhante vitória do nosso querido Palmeiras.

 **PRIMEIRO JOGO**

1983

Naquela manhã de domingo, dia 29 de maio de 1983, frente ao Comercial de Ribeirão Preto, no Estádio Palestra Italia, foi a primeira vez que assisti um jogo do Palmeiras em um campo de futebol. Foi uma emoção forte quando vi surgir o Alviverde Imponente, na boca do túnel, vestindo este fardamento da Adidas, escudo bordado e camisa verde, paixão das nossas vidas. O Palmeiras venceu pela contagem de 1 a 0, gol do atleta Carlos Henrique. Na época, então com meus 20 anos, ainda estava iniciando o que se tornaria um hábito em minha vida de palmeirense: estar ao lado do Palmeiras em todos os momentos, principalmente nos piores. Esse lindo manto alviverde me remete ao ano de 1983, onde tudo começou, de participar ativamente da vida do Palmeiras até os dias de hoje.

JOGO INESQUECÍVEL

1993

O Palmeiras, em 1993, entrava em seu 17º ano sem títulos. Algo totalmente impensável para a apaixonada torcida palmeirense! Eu, que em 1983 havia passado a acompanhar de perto os jogos do Palmeiras, assim como frequentar o clube e sua antiga Sala de Troféus, sempre me questionava ao ver as inúmeras conquistas desde o período do Palestra Italia. Como tudo era possível? Um clube com a grandeza do Palmeiras ficar tanto tempo sem uma conquista. Mas finalmente 12 de junho chegou e toda a angústia de nossa torcida se encerrou naquela final contra o maior rival. Foi com este manto da Rhumell que vencemos o Corinthians por 4 a 0.

MAURO BETING

PRIMEIRA CAMISA

1977

A primeira camisa que "montei" foi essa clássica da Adidas. 1977 não vendia do meu tamanho. Minha mãe comprou a camisa sem escudo numa loja e bordou o distintivo comprado em outra. Até hoje tenho a camisa do nosso único amor. Nossa única pele.

PRIMEIRO JOGO

1973

Meu primeiro jogo com nosso melhor time que era campeão e seria bicampeão brasileiro naquele 1973. Com a nossa mais linda camisa verde Palmeiras ainda mais bela sob as luzes do Pacaembu num chocho 0x0 com o Vasco. Mas foi o jogo do melhor da minha vida. Por ser o primeiro num lindo estádio de espírito de porco.

JOGO INESQUECÍVEL

2015

Primeiro título com meus dois filhos no Allianz Parque. Eu na cabine da rádio Jovem Pan, eles no Gol Norte. Todos juntos chutando com Fernando Prass na Copa do Brasil de 2015. Em menos de um minuto eu estava pulando com Edmundo e a torcida na cabine da Band. Em mais de uma hora estaria pulando com meus filhos até o sol nascer pelas ruas da cidade do maior campeão do Brasil.

ESCUDOS
CAMISAS

Os primeiros símbolos eram apenas monogramas com as letras P e I. Ou seja: as iniciais de Palestra Italia. "Monograma é a sobreposição, agrupamento ou combinação de duas ou mais letras ou outros elementos gráficos para formar um símbolo. Monogramas frequentemente são construídos combinando as letras iniciais do nome de uma pessoa ou empresa e podem ser usados como símbolos ou logos."

Outra curiosidade: os bordados do escudo não seguiam um padrão. O desenho mudava de acordo com a profissional que fizesse a costura. Era comum que o logo variasse inclusive entre cada camisa em campo. Nem sempre o escudo do zagueiro era o mesmo do atacante, por exemplo. Porque era feito manualmente. Por várias pessoas. Outros tempos. A partir do segundo semestre de 1959 aconteceram algumas variações no escudo (abaixo).

Os primeiros modelos da história palestrina foram testados usando as três cores da fundação do clube: verde, branco e vermelho, principalmente os de 16, 17 e 18. O escudo de 1919 até 1937 (exceto o de 28) usou as mesmas cores, que também formam a bandeira italiana. É possível notar mudança entre 1937 até 1942. O escudo passou a ser desenhado com o círculo branco, bordado sobre o fundo verde e com as letras P e I em vermelho. As 3 cores continuam sendo obedecidas como padrão. Já o de 1928 tem inversão de cores, mas não deixa de seguir as referências italianas.

1915 — 1916 — 1917 — 1918 — 1919

1928 — 1937 — 1942 — 1959 — 2017

Algumas variações dos escudos aplicados nas camisas ao longo dos anos

1959/60 — 1960/61 — 1959/65 — 1961/63 — 1962 — 1962 — 1963 — 1963/67 — 1967/68 — 1969/71 — 1972/73

1972/77 — 1974/75 — 1975 — 1975/77 — 1976 — 1977/84 — 1984/92 — 1992 — 2007/12 — 2013

MANTOS
HISTÓRICOS

Camisas utilizadas em datas marcantes na história do clube.

A história das camisas da S. E. PALMEIRAS — MANTOS HISTÓRICOS

PRIMEIRO JOGO DA NOSSA HISTÓRIA

24 de Janeiro de 1915

PRIMEIRO JOGO OFICIAL

13 de Maio 1916

PRIMEIRO JOGO NO PARQUE ANTARCTICA

21 de Abril de 1917

PRIMEIRO TÍTULO PAULISTA

19 de Dezembro de 1920

PRIMEIRA PARTIDA FORA DO PAÍS

08 de Março de 1925

ÚLTIMO JOGO NO VELHO CAMPO

04 de Dezembro de 1932

PRIMEIRO JOGO NO NOVO ESTÁDIO

13 de Agosto de 1933

PRIMEIRO TÍTULO RIO-SP

10 de Dezembro 1933

PRIMEIRA PARTIDA NA EUROPA

27 de Novembro de 1949

A história das camisas da **S. E. PALMEIRAS** MANTOS HISTÓRICOS

PRIMEIRO TÍTULO MUNDIAL

22 de Julho de 1951

PRIMEIRA PARTIDA NA AMÉRICA DO NORTE

04 de Maio de 1952

PRIMEIRA PARTIDA NA AMÉRICA CENTRAL

08 de Junho de 1952

PRIMEIRO TÍTULO DO BRASILEIRO

28 de Dezembro de 1960

PRIMEIRO JOGO NA LIBERTADORES

04 de Maio de 1961

ÚLTIMO JOGO ANTES DO JARDIM SUSPENSO

17 de Dezembro de 1961

PRIMEIRO JOGO APÓS A REFORMA PALESTRA ITALIA

07 de Setembro de 1964

PRIMEIRO JOGO NA ÁSIA

18 de Junho de 1967

PRIMEIRO JOGO NA ÁFRICA

18 de Julho 1969

A história das camisas da S. E. PALMEIRAS — MANTOS HISTÓRICOS

PRIMEIRO JOGO NO LESTE EUROPEU

21 de Agosto de 1969

PRIMEIRO TÍTULO DA COPA DO BRASIL

30 de Maio de 1998

TÍTULO DA COPA MERCOSUL

29 de Dezembro de 1998

PRIMEIRO TÍTULO DA LIBERTADORES

16 de Junho de 1999

ÚLTIMO JOGO DA ERA PALESTRA ITALIA

09 de Julho de 2010

PRIMEIRO JOGO DA ERA ALLIANZ PARQUE

19 de Novembro de 2014

PATROCINADORES
FORNECEDORES

Os patrocínios aparecem de diferentes formas e locais nos nossos uniformes.
Estar ali é garantir um lugar na história do maior campeão do Brasil. Para sempre.

Existem patrocínios pontuais (usados em jogos específicos) ou por tempo de contrato.
Os mais emblemáticos foram AGIP, Coca-Cola, Parmalat e Crefisa /FAM.
Fundamentais, Crefisa/FAM e Parmalat trouxeram e seguraram craques.

Fornecedores de material esportivo

Não há registros de fornecedores de materiais esportivos nos primórdios do Palestra Italia.
Mas a forte ligação entre o Palestra e a família Matarazzo, proprietária da Malharia e
Tinturaria MARIANGELA, nos leva a cogitar a possibilidade de uma parceria entre ambos.

Já nos anos 40, a Malharia CEPPO foi a responsável pela fabricação dos uniformes, inclusive o
utilizado pela equipe na conquista da Copa Rio em 1951, o primeiro Campeonato Mundial interclubes.
A pioneira na inserção do "P" no escudo. Outra encarregada de fornecer o fardamento na década de 50 ao
Palmeiras foi a PINOTTI. Ela e a malharia Hering foram as responsáveis pela transição do escudo antigo para
o atual, lançado no final de 1959.

A Malharia ATHLETA fez parte desse consórcio de confecção, sendo a responsável pelo fardamento na
inesquecível final do Paulistão de 1974. Também vale ressaltar a parceria da Malharia DELL'ERBA com
a ATHLETA e, eventualmente, com a ALPARGATAS, na confecção de alguns uniformes dos anos 70.

No início da profissionalização do fornecimento de material esportivo, a empresa que mais tempo teve
sua marca exposta foi a Adidas, a primeira a estampar o seu logo na camisa do Palmeiras, em 1977.
Também passaram marcas como Rhumell, Reebok, Diadora e a Puma, nossa atual parceira.

A história das camisas da **S. E. PALMEIRAS**

▶▶ PATROCINADORES

◆ BANDEIRANTE seguros	**AVEIA QUAKER**	**SUL AMERICA BANDEIRANTE**
Pontual / Ano: 1983	Pontual / Ano: 1984	Pontual / Ano: 1984
FURGLAINE	**MERCAPLAN D.T.V.M.**	**SHARP Arapuã**
Pontual / Ano: 1984	Pontual / Ano: 1984	Pontual / Ano: 1984
SHARP CASAS BAHIA	**Pão de Açúcar Veículos**	**marte ROLAMENTOS**
Pontual / Ano: 1984	Pontual / Ano: 1984	Pontual / Ano: 1984 e 1986
CONSÓRCIO BATTISTELLA	**BAVESA**	**FINANCEIRA BATTISTELLA**
Pontual / Ano: 1985	Pontual / Ano: 1985	Pontual / Ano: 1985
Lanche Mirabel	 Brandiesel	**CASSINO GALERIA PAGÉ**
Pontual / Ano: 1985	Pontual / Ano: 1985	Patrocínio / Ano: 1986
 Shark	 borcol	 Agip
Patrocínio / Ano: 1986	Pontual / Ano: 1986	Patrocínio / Ano: 1987 e 1988
 Coca-Cola	 parmalat	 Santàl ACTIVE
Patrocínio / Ano: 1989 a 1992	Patrocínio / Ano: 1992 a 2000	Pontual / Ano: 1998 a 1999

Presente em título

A história das camisas da **S. E. PALMEIRAS** PATROCINADORES FORNECEDORES

Patrocínio / Ano: 2001 a 2007

Pontual / Ano: 2002 e 2007

Patrocínio / Ano: 2004

Pontual / Ano: 2005 e 2006

Pontual / Ano: 2006

Patrocínio / Ano: 2008 e 2010

Pontual / Ano: 2008 e 2010

Pontual / Ano: 2010

Patrocínio / Ano: 2008

Patrocínio / Ano: 2009 a 2010

Pontual / Ano: 2009

Pontual / Ano: 2009

Patrocínio / Ano: 2009

Patrocínio / Ano: 2010, 2011 e 2012

Pontual / Ano: 2010

Pontual / Ano: 2010

Patrocínio / Ano: 2010 a 2015

Patrocínio / Ano: 2011 e 2012

Pontual / Ano: 2011

Pontual / Ano: 2011

Pontual / Ano: 2011

 Presente em título

A história das camisas da **S. E. PALMEIRAS** PATROCINADORES FORNECEDORES

Pontual / Ano: 2011

NOVO PALIO
Pontual / Ano: 2011

Pontual / Ano: 2011

Pontual / Ano: 2011 e 2014

Pontual / Ano: 2011

Ação Social / Ano: 2012 e 2013

Patrocínio / Ano: 2012

Pontual / Ano: 2012

Pontual / Ano: 2012

Pontual / Ano: 2012 e 2015

Pontual / Ano: 2013

Ação Social / Ano: 2013

Ação Social / Ano: 2013

Ação Social / Ano: 2013

Pontual / Ano: 2014

Pontual / Ano: 2014

Pontual / Ano: 2014

Pontual / Ano: 2014

Pontual / Ano: 2014

Pontual / Ano: 2014

Pontual / Ano: 2014

Presente em título

A história das camisas da S. E. PALMEIRAS — PATROCINADORES / FORNECEDORES

Pontual / Ano: 2014	Pontual / Ano: 2014	Patrocínio / Ano: 2015

Patrocínio / Ano: 2015	Patrocínio / Ano: 2015	Patrocínio / Ano: 2022
Cartão de **TODOS**		
Patrocínio / Ano: 2022		

DIVULGAÇÃO PALMEIRAS

Ano: 2010	Ano: 2011	Ano: 2012

Ano: 2012 e 2013	Ano: 2013, 2014, 2015 e 2022	Ano: 2013 e 2014

Ano: 2013	Ano: 2014	Ano: 2014

A história das camisas da **S. E. PALMEIRAS** — PATROCINADORES | FORNECEDORES

Ano: 2014

Ano: 2014

Ano: 2014

Ano: 2014

FORNECEDORES DE MATERIAL

Anos 40 e 50

Anos 50 a 70

Anos 50 a 70

Anos 60 e 70

Anos 70

Ano: 1975 a 1993

Ano: 1993 a 1996 e 1999 a 2003

Ano: 1996 e 1999

Ano: 2003 a 2006

Ano: 2006 a 2018

Ano: 2019

Presente em título

A história das camisas da **S. E. PALMEIRAS** PATROCINADORES FORNECEDORES

PATCHS

Campeão Paulista 1993

Campeão Brasileiro 1993

Campeão Paulista 1994

Campeão Brasileiro 1994

Campeão Paulista 1996

Campeão Copa do Brasil 1998

Campeão Copa Mercosul 1998

Campeão Taça Libertadores 1999

Torneio Rio-SP 2002

Campeonato Paulista 2007

Campeão Paulista 2008

50 Taça Libertadores, 2009

Usado de 2009 até 2012

Unificação dos Brasileiros, 2011

Jogando Pelo Meio Ambiente, 2011

A história das camisas da S. E. PALMEIRAS — PATROCINADORES / FORNECEDORES

Homenagem ao atacante Kléber, 2011

Campeão Copa do Brasil 2012

Taça Libertadores 2013

Campeão Copa do Brasil 2012

Aniversário de 99 anos, 2013

Copa Euroamericana 2014

Campeão Copa do Brasil 2015

Taça Savóia 100 Anos

Taça Libertadores 2016

Campeão Brasileiro 2016

Derby Centenário, 2017

Taça Libertadores 2017 a 2020

Taça Libertadores 2017

Quartas-de-final Paulista 2017

Semifinal Paulista 2017

Presente em título

A história das camisas da S. E. PALMEIRAS — PATROCINADORES / FORNECEDORES

 Quartas-de-final Paulista 2018	 Semifinal Paulista 2018	 Final Paulista 2018
 Campeão Brasileiro 2018	 Campeonato Brasileiro 2019	 Torneio Florida CUP 2020
 Campeão Brasileiro 2020	 Futebol + Livre 2020	 Campeão Brasileiro 2021
 Final Libertadores 2020	 Mundial de Clubes 2020	 Mundial de Clubes 2020 e 2021
 Final Copa do Brasil 2020	 Campeão Taça Libertadores 2021	 Recopa 2020 e 2021

A história das camisas da S. E. PALMEIRAS — PATROCINADORES / FORNECEDORES

Final Super Copa do Brasil

Campeão Copa do Brasil 2020

Taça Libertadores 2020

Final Libertadores 2021

Mundial de Clubes 2021

Taça Libertadores 2022

Campeão Brasileiro 2022

Presente em título

1915-1969

BIANCO

Bianco foi o autor do primeiro gol do Palestra Italia, no jogo de estreia do clube, em 24/01/1915, contra o Savóia de Votorantim. Habilidoso e com espírito de liderança, foi o capitão do time por mais de uma década e brilhou também com a Seleção Brasileira, sendo declarado o melhor jogador da equipe na conquista do Campeonato Sul-Americano de 1919. Ao encerrar a carreira, tornou-se treinador. Nessa função, sagrou-se campeão paulista pelo Palmeiras em 1944.

HEITOR

"Não se compreende o Palestra sem Heitor". A frase do cronista esportivo Thomaz Mazzoni, publicada no jornal A Gazeta de 8 de julho de 1931, dimensiona bem a importância que Ettore Marcellino Domingues teve nos primeiros anos do Palmeiras. Nascido no paulistano bairro do Brás em 19 de dezembro de 1899, o craque, que passou a ser chamado de Heitor pelo público e pela imprensa, defendeu o clube por 16 temporadas, sagrou-se campeão no futebol e no basquete, foi o primeiro palestrino a atuar (e fazer gol) pela Seleção Brasileira e ostenta até hoje a marca de maior artilheiro da história alviverde.

1915-1969

Período marcado por diversas transições nas camisas, desde a fundação como Palestra Italia até a denominação atual de Sociedade Esportiva Palmeiras. As grandes modificações passaram pelo escudo PI, pela Cruz de Savóia, o "P" e a permanente mudança de nome em 1942, com a criação do escudo que usamos atualmente. Uma curiosidade relativa ao logo é que, por ser bordado manualmente, havia muita diversidade, inexistindo um padrão de aplicação nas camisas. As cores predominantemente utilizadas foram o verde e branco, porém o azul foi a cor empregada em algumas situações.

CAMISA 1915
Estreia: 24 de Janeiro 1915
Partida: Savóia de Votorantim/SP 0x2 Palestra
Campeonato: Taça Savóia
1º Gol: Bianco

CAMISA 1942
Estreia: 14 de Março 1942
Partida: Palestra de SP 1x1 São Paulo/SP
Campeonato: Torneio Quinela de Ouro
1º Gol: Echevarrieta

CAMISA 1965
Estreia: 07 de Setembro 1965
Partida: Palmeiras 3x0 Sel. do Uruguai
Campeonato: Inauguração do Mineirão
1º Gol: Rinaldo

A história das camisas da S. E. PALMEIRAS — TEMPORADAS 1915 a 1969

CAMISAS 1915-31

Campeão
Taça Savóia 1915

Estreia da Camisa 1915
24/01/1915 - Taça Savóia
Savóia de Votorantim/SP 0x2 Palestra Italia
1º Gol: Bianco Gambini

Estreia da Camisa 1916
13/05/1916 - Campeonato Paulista
Mackenzie/SP 1x1 Palestra Italia
1º Gol: Radamés Gobbatto

 O Palestra Italia fez sua estreia no futebol em 24 de janeiro de 1915, poucos meses após seu nascimento, frente à equipe do Savóia do distrito de Votorantim/SP, com vitória por 2 x 0. Nesse histórico jogo a camisa verde foi utilizada com o escudo em formato monograma e as letras P e I.

A estreia no Campeonato Paulista ocorreu em 13 de maio de 1916, determinado como sendo o primeiro jogo oficial da história, resultando em empate por 1 x 1 contra o Mackenzie/SP. Nesta temporada o clube adotou o escudo da Casa Real de Savóia, antiga monarquia italiana. A camisa verde recebeu uma faixa branca na horizontal.

Estreia da Camisa 1916
05/11/1916 - Campeonato Paulista
Palestra Italia 1x3 Mackenzie/SP
1º Gol: Radamés Gobbatto

Estreia da Camisa 1917
21/04/1917 - Campeonato Paulista
Palestra Italia 5x1 Internacional da Capital
1º Gol: Caetano

Camisa usada em 1917, em um jogo beneficente frente ao CA Paulistano/SP, em 18 de março. Vitória palestrina por 3 a 2 e a conquista da Taça Comendador Gaetano Pepe.

No Campeonato Paulista seguinte, em 1917, o Palestra Italia fez uma boa campanha, culminando com o vice-campeonato. A camisa verde com faixa branca (um pouco mais fina) permaneceu a mesma, mas o escudo sofreu uma nova mudança, com a retirada da Cruz de Savóia e a adoção de um monograma na cor branca e com as letras P e I bordadas sobre um escudo suíço de cor verde.

Estreia Camisa   Ícone Simbólico

A história das camisas da S. E. PALMEIRAS — TEMPORADAS 1915 a 1969

Estreia da Camisa 1918
07/04/1918 - Campeonato Paulista
Palestra Italia 2x1 S.C. Internacional/SP
1º Gol: Heitor

Uma novidade seria apresentada para o Campeonato Paulista de 1918. Permanecia o escudo suíço, porém sobre um fundo branco, contorno em vermelho e as letras P e I na cor verde. Estreou no dia 7 de abril, na partida contra o Internacional da Capital/SP, com vitória por 2 x 1. Contabilizamos até aqui o quarto escudo e o sexto uniforme desde 1915.

Estreia da Camisa 1919
22/06/1919 - Campeonato Paulista
Palestra Italia 1x1 Paulistano/SP
1º Gol: Imparato
Camisa usada até 1922

O Palestra Italia adotaria em 1919 um uniforme que permaneceria sem alteração por 9 anos, com a saída do escudo suíço e a entrada do formato de círculo com as letras P e I, nas cores verde e vermelha, respectivamente. É com ele que o Palestra conquistou seu primeiro Paulista, em 1920.

Estreia da Camisa 1923
15/04/1923 - Torneio Início
Palestra Italia 1x0 A.A. das Palmeiras/SP
1º Gol: Loschiavo
Camisa usada até 1931

Neste ano a camisa passaria por uma ligeira alteração no que se refere ao cordão da gola. Os anteriores cordões verdes foram mudados para brancos. É o modelo do título Paulista de 1926.

Estreia da Camisa 1924
23/03/1924 - Taça Cavalheiro Pichetti
Palestra Italia 3x0 Paulistano/SP
1º Gol: Heitor
Camisa usada até 1929

Na primeira viagem ao exterior, realizada pelo Palestra Italia em março de 1925, a camisa recebeu três botões brancos no lugar dos cordões, antes brancos ou verdes. Este modelo apareceu até o ano de 1931, quando surgiu a gola em V. O Verdão atuou na Argentina e no Uruguai durante essa excursão.

Campeão Paulista 1920 | Campeão Paulista 1926

Estreia Camisa   *Ícone Simbólico*

A história das camisas da S. E. PALMEIRAS — TEMPORADAS 1915 a 1969

CAMISA 1928

Estreia da Camisa 1929
14/07/1929 - Amistoso Internacional
Palestra Italia 5x2 Ferencvaros/HUN
Gol: Miguel Feite

A equipe do craque Ferencvaros, da Hungria, excursionou pelo Brasil em 1929. O Palestra Italia foi o primeiro adversário. O alviverde lançou um uniforme alternativo na cor azul claro, especialmente para este jogo histórico, vencido por 5 a 2. Existiram mais dois confrontos em 1931: outra vitória por 5 a 2 e uma derrota por 3 a 2.

Além das partidas citadas, há registros de termos utilizado esse modelo nas seguintes partidas: Torino/ITA (1929), Huracan/ARG (1930), Nacional de Rosario/ARG (1934) e Bonsucesso/RJ (1932). A camisa azul era o uniforme 2 do Palestra nesse período.

Estreia da Camisa 1931
26/07/1931 - Amistoso Estadual
Palestra Italia 4x1 Sel. Paulista
1º Gol: Pepico

Sempre na vanguarda, o Palestra Italia inovaria a camisa principal em 26 de julho de 1931, abandonando a gola polo após 16 anos e adotando a gola V. O clube conquistaria o tricampeonato de 1932/33/34, assim como o Rio-SP de 1933.

CAMISAS 1933-69

GOL Nº 1.000
Data: 15/01/1928
Palestra Italia 5x1 Silex
(Paulista de 1927)
Autor: Miguel Feite

CAMISA 1933

No dia 19 de fevereiro de 1933, em disputa da Taça Competência entre o Palestra Italia e a Portuguesa Santista/SP, que jogou de verde, o time palestrino apresentou esse modelo todo branco de mangas longas. (*)

Estreia da Camisa 1937
23/05/1937 - Amistoso Interestadual
Palestra Italia 5x1 Palestra Italia/MG
1º Gol: Luizinho

(*) Camisa comemorativa: Em 2022, fornecedora Puma em parceria com o Palmeiras lançou a réplica deste modelo, com venda exclusiva apenas para sócios torcedores Avanti.

 Campeão Paulista 1932
 Campeão Rio-SP 1933
 Campeão Paulista 1933
 Campeão Paulista 1934
 Campeão Paulista 1936

 Estreia Camisa   Ícone Simbólico

A história das camisas da S. E. PALMEIRAS TEMPORADAS 1915 a 1969

Estreia da Camisa 1937
15/08/1937 - Campeonato Paulista
Palestra Italia 3x0 São Paulo Railway/SP
1º Gol: Moacyr

CAMISA 1938

O modelo de camisa foi o mesmo utilizado no ano anterior para o confronto entre o Palestra Italia paulista e o Palestra mineiro. A única mudança perceptível é relativa ao escudo, que abandonou as cores das letras P e I, verde e vermelha, para assumir a tonalidade vermelha.

Um novo modelo de uniforme surgiu em 1937. A camisa deixa de ter mangas longas para utilizar as curtas, mas mantendo a gola V. Outra modificação desse ano se efetiva no escudo, que surge como um círculo vazado branco. Além disso, o monograma com as iniciais P e I nas cores vermelhas, bordados sobre o fundo verde da própria camisa. O modelo de escudo é o mesmo que a equipe de basquete vinha utilizando desde 1928.

Estreia da Camisa 1948
05/09/1948 - Campeonato Paulista
Palmeiras 1x1 Corinthians/SP
Gol: Bóvio

A partir de 1948 as camisas passam a ter os números nas costas.

Estreia da Camisa 1942
14/03/1942 - Torneio Quinela de Ouro
Palestra de S. Paulo 1x1 São Paulo/SP
Gol: Echevarrieta

Troca de camisas
23/11/1949 - Amistoso Internacional
Palmeiras 5x0 Malmö/SE
1º Gol: Abelardo

Este é o modelo de camisa escolhido em março de 1942, quando o Palestra Italia foi obrigado a trocar o nome para Palestra de São Paulo. Perseguido durante a Segunda Guerra Mundial por puro preconceito contra a sua origem, uma nova imposição de mudança ocorreu em setembro, agora para a Sociedade Esportiva Palmeiras. Nome escolhido para aproveitar a letra P e homenagear um antigo clube leal aos palestrinos. O antigo Palestra Italia "Morre Líder e Nasce Campeão" como Palmeiras usando essa camisa. Nossa "Arrancada Heroica".

Precisamente aos 10 minutos do primeiro tempo, atendendo ao pedido do time do Malmö da Suécia, o Palmeiras passou a atuar com um fardamento emprestado pela equipe sueca, todo branco com golas redondas e mangas curtas nas cores da equipe adversária (azul claro) e sem escudo e números nas costas.

						(1) GOL Nº 2.000	(2) GOL Nº 3.000	(3) GOL Nº 4.000
						Data: 10/07/1938 Palestra Italia 3 x 0 São Paulo/SP (Campeonato Paulista Extra) Autor: Feitiço	Data: 23/08/1947 Palmeiras 7 x 1 Comercial da Capital/SP (Campeonato Paulista) Autor: Canhotinho	Data: 09/07/1955 Palmeiras 2 x 2 América/RJ (Taça Charles Miller) Autor: Liminha
Campeão Paulista 1940	Campeão Paulista 1942	Campeão Paulista 1944	Campeão Paulista 1947	Campeão Paulista 1950	Campeão Rio-SP 1951			

 Estreia Camisa  Ícone Simbólico

A história das camisas da S. E. PALMEIRAS — TEMPORADAS 1915 a 1969

Palmeiras é Brasil
18/07/1951 - Mundial Interclubes
Palmeiras 1x0 Juventus/ITA
Gol: Rodrigues Tatu

Estreia da Camisa 1953
03/10/1953 - Campeonato Paulista
Palmeiras 4x1 XV de Jaú/SP
1º Gol: Humberto Tozzi

  Chegamos ao ano de 1951. O modelo de camisa permaneceu sem qualquer alteração desde a mudança de nome em 1942, tanto no desenho da camisa quanto no escudo. O Palmeiras disputava o Primeiro Mundial de Clubes e atuou com ela durante a primeira fase e semifinal. Somente nas duas partidas da decisão contra a Juventus, da Itália, é que foi costurada, acima do escudo do clube, a bandeira brasileira. O Palmeiras, afinal, era o digno representante da Nação naquela histórica partida. Entretanto, durante a disputa dessas finais, como é possível notar nas imagens da época, alguns atletas perderam ou deixaram cair a bandeira.

Existem várias versões sobre a camisa toda azul. Uma delas diz que o então presidente, Paschoal Giuliano, adotou a cor por orientação de um pai de santo. Era um jogo importante: o Verdão enfrentaria o Corinthians/SP, na decisão do Campeonato Paulista de 1954, no dia 06 de fevereiro de 1955. É boato afirmar que ela foi feita somente para essa ocasião por orientação de um mentor espiritual do presidente. Na realidade o manto já vinha sendo utilizado desde 1953, para se distinguir nas partidas do alviverde contra adversários com uniforme da mesma cor, tais como o Guarani/SP e XV de Jaú/SP. Os resultados vitoriosos com goleadas sobre esses dois adversários induziram o presidente supersticioso a imaginar que o azul traria a mesma sorte naquele jogo decisivo contra nosso arquirrival. Mas o empate por 1 x 1 não foi suficiente para tirar o título do adversário.

Estreia da Camisa 1955
30/07/1955 - Campeonato Paulista
Palmeiras 3x2 Guarani/SP
1º Gol: Humberto Tozzi

Estreia da Camisa 1957
10/11/1957 - Campeonato Paulista
São Paulo/SP 4x2 Palmeiras
1º Gol: Nilo

Na temporada de 1955 o Palmeiras lançou seu segundo uniforme. Idêntico ao primeiro, apenas invertendo as cores. Repare que o escudo bordado sobre a camisa era vazado, seguindo o que foi adotado na bandeira oficial pela direção do clube por aproximadamente 20 anos. Ou seja: na faixa branca diagonal sobre um campo verde, bordou-se o escudo que aparece nesta camisa branca. Este mesmo escudo terá uma nova interpretação com uma ligeira alteração no decorrer dos anos.

Desde seu aparecimento na temporada de 1931, quando ainda era Palestra Italia, o uniforme principal de camisa verde com a gola em "V" branca e os punhos igualmente brancos, foi assumido como o tradicional. Mas em novembro de 1957 o time alviverde utilizou uma camisa toda verde com a gola polo no lugar do "V", justamente num clássico contra o São Paulo. Além dessa partida, voltaria a usar diante da Seleção de Rio Claro. Também há relatos que o time da base fez uso desse uniforme, porém sem adotá-lo oficialmente. Mazzola, que foi ídolo na segunda metade da década de 50, ficou eternizado na memória do palmeirense com ele.

Campeão
Mundial Interclubes 1951

A história das camisas da S. E. PALMEIRAS — TEMPORADAS 1915 a 1969

Estreia da Camisa 1959
24/05/1959 - Campeonato Paulista
Palmeiras 6x0 Guarani/SP
1º Gol: Romeiro

O modelo de 1959 teve como renovação o escudo. Passa a ser um círculo "chapado" na cor verde, circundado em branco, com a letra P em branco.

Estreia da Camisa 1959
08/11/1959 - Campeonato Paulista
Palmeiras 3x2 Guarani/SP
1º Gol: Romeiro

CAMISA 1959

O Palmeiras passou a adotar o escudo que conhecemos hoje no segundo semestre de 1959. Três diferentes tipos de bordados foram utilizados. Um deles, este que vemos, além da divergência no bordado, percebe-se agora que o escudo suíço com a letra "P" está sobre um círculo de fundo verde, diferentemente do anterior.

Estreia da Camisa 1959
11/10/1959 - Campeonato Paulista
XV de Piracicaba/SP 1x0 Palmeiras

CAMISA 1959

É o primeiro modelo que abdica do escudo com a letra "P" e emprega o escudo tradicional que conhecemos hoje. Observa-se o escudo suíço sobre um fundo verde (os riscos aparecerão somente a partir de 1967) dentro de um círculo de fundo branco. Além disso, ao invés das 8 estrelas, temos 3 pontos de cada lado acima da palavra PALMEIRAS. Importante lembrar que o Verdão levantou seu primeiro Campeonato Brasileiro com esse uniforme: a Taça Brasil de 1930.

Campeão Paulista 1959

Campeão Campeonato Brasileiro (Taça Brasil 1960)

Estreia Camisa Ícone Simbólico

A história das camisas da S. E. PALMEIRAS — TEMPORADAS 1915 a 1969

CAMISA 1961

CAMISA 1961

O novo distintivo adotado pelo Palmeiras permaneceu por toda a década de 60, mas com muitos modelos de escudo e variações relativas aos diversos tipos de bordados que foram empregados. Neste novo modelo, de 1961, igual a do ano anterior, vemos o escudo suíço com a letra "P" no fundo verde, diferente de 1959, que tinha o fundo branco. Outro detalhe foi a indicação do mês de fundação, simbolizada por 8 pontos e não as 8 estrelas, que em breve seriam utilizadas. Outra curiosidade desta camisa é que foi a primeira usada na Taça Libertadores da América, vencendo o Independiente/ARG, por 2 a 0 na Argentina.

Estreia do Divino
22/02/1962 - Torneio Rio-SP
Palmeiras 3x0 Corinthians/SP
1º Gol: Vavá

O "Divino" Ademir da Guia, contratado no segundo semestre de 1961, fez sua estreia com a camisa alviverde na temporada de 1962, precisamente na vitória por 3 a 0 contra o Corinthians/SP, em 22 de fevereiro. O uniforme do surgimento do Divino no Palmeiras.

Estreia da Camisa 1962
18/04/1962 - Amistoso Municipal
Nacional/SP 1x0 Palmeiras

CAMISA 1963

CAMISA 1963

 Campeão Paulista 1963
 Campeão Rio-SP 1965
 Campeão Paulista 1966
 Campeão Campeonato Brasileiro (Taça Brasil 1967)

GOL Nº 5.000
Data: 16/07/1961
Comercial/SP 1 x 4 Palmeiras
(Campeonato Paulista)
Autor: Geraldo II

Estreia Camisa *Ícone Simbólico*

A história das camisas da S. E. PALMEIRAS TEMPORADAS 1915 a 1969

CAMISA 1963

CAMISA 1964

CAMISA 1964

CAMISA 1964

CAMISA 1965

Vestindo a Amarelinha

07/09/1965 - Torneio de Inauguração do Est. Gov. Magalhães Pinto - Mineirão
Palmeiras 3x0 Sel. Uruguai
1º Gol: Rinaldo

O Palmeiras usou o uniforme da Seleção Brasileira em sete de setembro de 1965. O clube foi convidado pela Confederação Brasileira de Desportos (CBD) para representar o país contra o Uruguai. Era inauguração do Estádio do Mineirão. Vencemos por 3 a 0. Estiveram naquele confronto todo o elenco e comissão técnica do clube.

Estreia Camisa   Ícone Simbólico

A história das camisas da S. E. PALMEIRAS — TEMPORADAS 1915 a 1969

CAMISA 1967

Estreia da Camisa 1967
08/06/1967 - Torneio Roberto G. Pedrosa
Palmeiras 2x1 Grêmio/RS
1º Gol: César Maluco

Neste ano o escudo do Palmeiras apresentou uma qualidade superior no bordado em comparação com os anos anteriores, sendo possível retratar melhor os detalhes do seu distintivo.

CAMISA 1967

CAMISA 1968

Modelo utilizado em nossa segunda final de Taça Libertadores da América. Contra o Estudiantes de La Plata, da Argentina, em 1968.

CAMISA 1969

CAMISA 1969

GOL Nº 6.000
Data: 04/09/1968
Internacional/RS 1 x 1 Palmeiras
(Campeonato Brasileiro)
Autor: Artime

Campeão
Roberto Gomes Pedrosa 1967

38

Estreia Camisa   Ícone Simbólico

1970-1977

ADEMIR DA GUIA

Poucos jogadores na história do futebol foram tão talentosos ao unir perfeitamente classe e poder de decisão como Ademir da Guia. E menos jogadores ainda se identificaram tanto com um único clube como ele. A elegância, o ritmo cadenciado, as passadas largas, a visão de jogo, a habilidade com a bola nos pés e a capacidade de conquistar os mais variados troféus ao longo de 16 temporadas vestindo a camisa verde conduziram este carioca, nascido no emblemático ano de 1942, ao altar dos ídolos eternos do Palmeiras.

DUDU

Aguerrido, brigador e preciso no desarme, Dudu protegia a zaga alviverde como um gladiador incansável. Foi assim que, em 12 temporadas, tornou-se o terceiro jogador que mais entrou em campo na história do Palmeiras com mais de 600 jogos. Também se sagrou tricampeão paulista, pentacampeão brasileiro (feito que só ele e Ademir da Guia alcançaram pelo Verdão), disputou a Copa de 1974 na Alemanha, conquistou um título como técnico e foi imortalizado, em 2016, com um dos seis bustos de bronze que hoje ornam a sede social do clube.

1970-1977

Intervalo de tempo de poucas modificações nas camisas usadas pelo Palmeiras. Fato relevante foi o início da profissionalização dos fornecedores de materiais esportivos, com a parceria com a empresa alemã Adidas.

CAMISA 1972

Estreia: 03 de Setembro 1972
Partida: Palmeiras 0x0 São Paulo/SP
Campeonato: Paulista
1º Gol: -

CAMISA 1973

Estreia: 28 de Janeiro 1973
Partida: Palmeiras 2 x 0 Independiente/ARG
Campeonato: Amistoso
1º Gol: Edu Bala

CAMISA 1977

Estreia: 27 de Agosto 1977
Partida: Palmeiras 2x1 Portuguesa/SP
Campeonato: Paulista
1º Gol: Jorge Mendonça

A história das camisas da S. E. PALMEIRAS — TEMPORADAS 1970 a 1977

CAMISAS 1970

A década 70 ficou conhecida como a Segunda Academia, permeada de muitos títulos e grandes nomes que vestiram nosso manto sagrado. O modelo com a gola em "V", que vinha dos primórdios de Palestra Italia, seria substituído em 1971 e marcaria o restante deste período. Repare no escudo com bordado mais profissional. Mas outros tipos de bordados com menos detalhes iriam surgir.

CAMISAS 1971

CAMISAS 1972

Campeão Brasileiro 1973

Estreia Camisa   Ícone Simbólico

A história das camisas da S. E. PALMEIRAS — TEMPORADAS 1970 a 1977

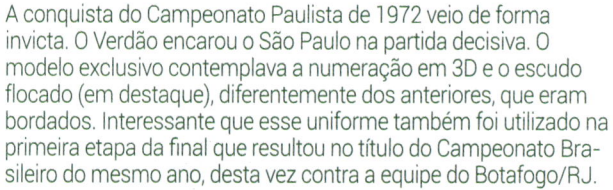

A conquista do Campeonato Paulista de 1972 veio de forma invicta. O Verdão encarou o São Paulo na partida decisiva. O modelo exclusivo contemplava a numeração em 3D e o escudo flocado (em destaque), diferentemente dos anteriores, que eram bordados. Interessante que esse uniforme também foi utilizado na primeira etapa da final que resultou no título do Campeonato Brasileiro do mesmo ano, desta vez contra a equipe do Botafogo/RJ.

Este modelo se tornou clássico pela massiva utilização no período entre 1972 e 1976. A recordação daqueles anos dourados ficará eternamente nos corações dos palmeirenses. Foi com essa camisa de gola redonda e duas listras brancas que encantamos o país. O bicampeonato brasileiro em 1973, o sexto no total, foi inesquecível.

Campeão Paulista 1972 | Campeão Paulista 1976

42

Estreia Camisa   Ícone Simbólico

A história das camisas da S. E. PALMEIRAS — TEMPORADAS 1970 a 1977

CAMISAS 1973

No transcorrer da história, a Sociedade Esportiva Palmeiras usou inúmeros tipos de golas em sua camisa oficial. Polo, em "V" e redonda. Este modelo exclusivo e inusitado de gola da Malharia Athleta, com formato lembrando a letra "Y", foi lançado e estreou em 28 de janeiro de 1973, no amistoso com o Independiente, da Argentina. Além desse jogo, foi utilizado em mais dois amistosos e três partidas válidas pelo Torneio Laudo Natel: contra o Paulista de Jundiaí, Ponte Preta e na final contra o arquirrival Corinthians/SP.

CAMISAS 1974

O uniforme que manteve o Corinthians no jejum. O modelo surgiu em 1973. No ano seguinte o Verdão venceu o título do Campeonato Paulista diante do arquirrival. Eles não levantavam taças há duas décadas. O alviverde usou essa camisa no terceiro e decisivo jogo. Gol de Ronaldo, reserva imediato de César Maluco, e o 17º título estadual da nossa história.

Campeão Paulista 1974

CAMISAS 1975

Estreia Camisa   Ícone Simbólico

A história das camisas da **S. E. PALMEIRAS** TEMPORADAS 1970 a 1977

▶▶▶ **CAMISAS 1976**

▶▶▶ **CAMISAS 1977**

Marca do fornecedor na camisa
27/08/1977 - Campeonato Paulista
Palmeiras 2x1 Portuguesa/SP

Adidas: Sempre na vanguarda, no dia 27 de agosto de 1977 em partida diante da Portuguesa/SP pelo Campeonato Paulista, o Palmeiras estampou pela primeira vez a marca de um fornecedor em sua camisa, a alemã Adidas. Não há registro exato até 1976 sobre a utilização de fabricantes fixos de materiais esportivos. Consta a utilização das marcas Athleta e Hering, que utilizaram sua linha esportiva denominada Herin-Gol. Observamos no modelo da camisa as listras brancas nas mangas e a gola redonda.

GOL Nº 7.000
Data: 04/06/1977
Palmeiras 3x0 Juventus/SP
(Campeonato Paulista)
Autor: Toninho

44

Estreia Camisa Ícone Simbólico

1978-1991

JORGE MENDONÇA

O carioca Jorge Mendonça veio do Náutico para o Palmeiras em 1976 e já naquele ano protagonizou aquela que seria sua maior glória com a camisa do Verdão: o gol do título do Campeonato Paulista de 1976, no estádio Palestra Italia lotado. Dono da camisa número 8, Mendonça era dotado de técnica afinadíssima e um chute preciso, qualidades que o levaram à Seleção Brasileira e à Copa do Mundo de 1978, na Argentina.

LUÍS PEREIRA

Zagueiro clássico no desarme e na saída de bola, foi um dos defensores mais seguros da história do futebol brasileiro. No Palmeiras, tornou-se ídolo, referência na posição e estrela da Seleção Brasileira. Além de defender com eficiência, tinha muita precisão nas subidas ao ataque. Bom cabeceador, e melhor ainda com a bola nos pés, passava segurança e comandava a equipe palmeirense. Tinha espírito de liderança e defendeu as cores alviverdes por dez anos, divididos em duas etapas.

A história das camisas da S. E. PALMEIRAS — NÚMEROS E FONTES

FORNECEDOR: adidas **ANO:** 1975 a 1992

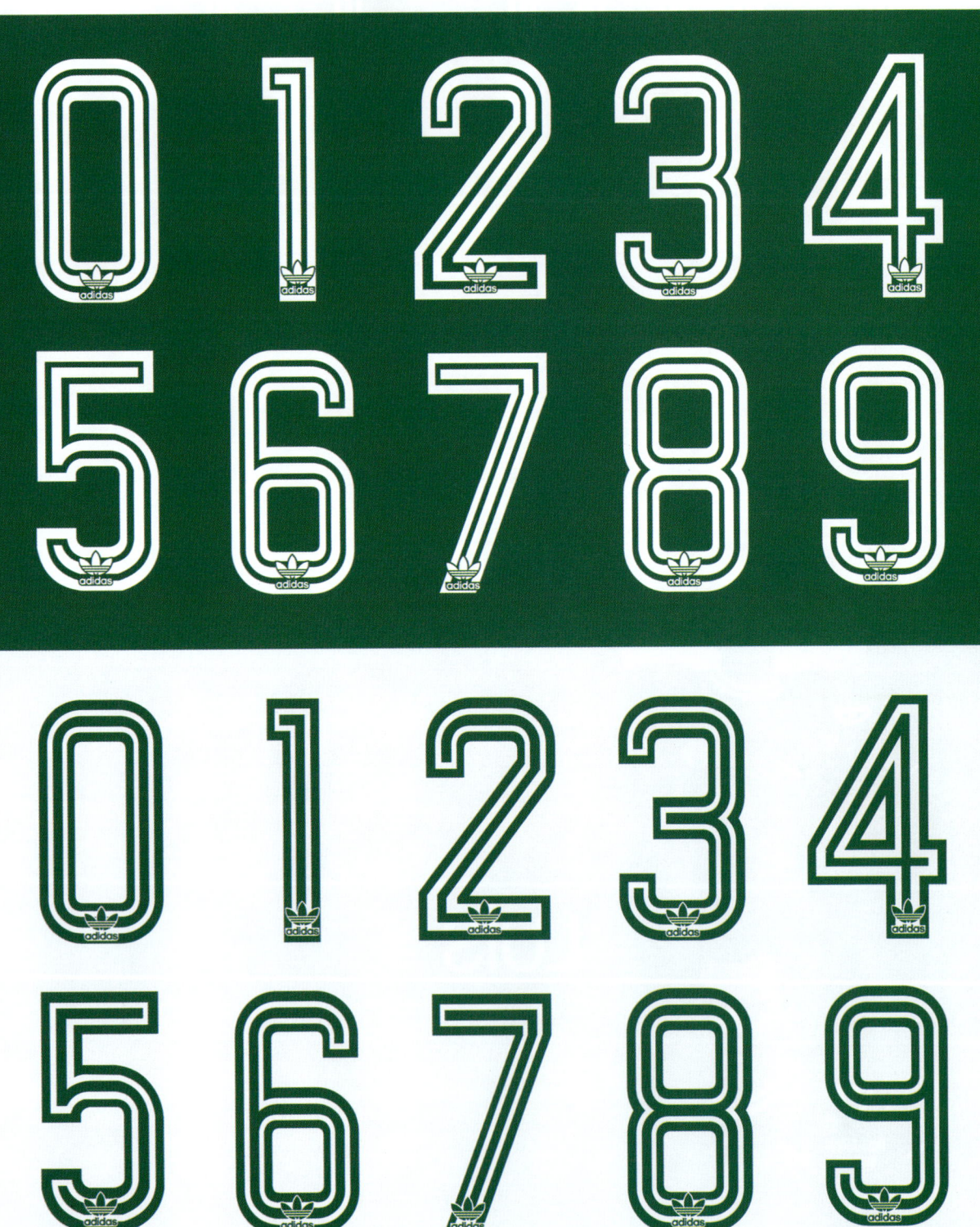

0 1 2 3 4
5 6 7 8 9

0 1 2 3 4
5 6 7 8 9

O fornecimento de material de treino da empresa Adidas ao Palmeiras e outras equipes iniciou-se em 1975 e o primeiro registro da utilização do logo no calção do uniforme alviverde foi em maio, no confronto com o São Paulo. Somente em 1977 na camisa.

1978-1991

Na década de 80 surgiram as primeiras aparições de marcas de empresas em nossas camisas em jogos pontuais. O primeiro contrato oficial para uma temporada completa foi com a marca italiana AGIP, logo na sequência veio a Coca-Cola.

CAMISA 1987

Estreia: 25 de Janeiro 1987
Partida: Treze/PB 0x2 Palmeiras
Campeonato: Brasileiro/86
1º Gol: Ditinho

CAMISA 1989

Estreia: 13 de Fevereiro 1989
Partida: Palmeiras 1x2 Flamengo/RJ
Campeonato: Amistoso Interestadual
1º Gol: Neto

A história das camisas da S. E. PALMEIRAS | TEMPORADAS | 1978 a 1991

CAMISAS 1978

O Palmeiras passou a usar o novo modelo de camisa em 1978, com a exclusão das listras brancas nas mangas no jogo frente ao Remo/PA, pelo Campeonato Brasileiro, e durou até 1981.

Também disputando o Campeonato Brasileiro de 1978, o alviverde participou da Copa Kirin, no Japão, juntamente com a Seleção da Coréia do Sul, Coventry City-ING, Borussia Monchengladbach-Ale e a seleção local. Estreou no torneio com esse modelo na vitória por 1 a 0, gol de Pires, em 20 de maio, contra a seleção coreana. Sagrou-se campeão.

Palmeiras e Guarani/SP se enfrentaram nas finais do Campeonato Brasileiro de 1978 após realizarem brilhante campanha na competição, uma disputa integralmente alviverde. Na primeira partida da decisão, com o mando do Palmeiras e disputada no Morumbi, o Verdão cedeu o direito de usar o uniforme principal ao Guarani/SP e atuou usando o segundo modelo, com camisas e calças brancas, além de meias verdes. O escudo incomum fugiu dos padrões adotados naqueles anos.

CAMISAS 1979

Estreia Camisa   Ícone Simbólico

A história das camisas da S. E. PALMEIRAS — TEMPORADAS 1978 a 1991

CAMISA 1980

Em 1980 a camisa do Palmeiras retornou com a gola em "V", mas intercalando em alguns jogos com a gola redonda.

CAMISA 1981

CAMISAS 1982

Um detalhe interessante nos modelos Adidas dos anos 80 é que as camisas de manga longa eram todas com a gola redonda, tanto a verde quanto a branca.

A história das camisas da S. E. PALMEIRAS — TEMPORADAS 1978 a 1991

CAMISAS 1983

Patrocínio Pontual
30/04/1983 - Campeonato Brasileiro
Palmeiras 0x0 Vasco/RJ

Bandeirante Seguros: Marco histórico em 1983 quando, em comum acordo, Palmeiras e Vasco da Gama/RJ ostentaram nos respectivos uniformes de jogo o patrocínio da Bandeirante Seguros. Seria a primeira vez que o manto verde receberia um patrocínio estampado.

CAMISAS 1984

Jogo despedida Ademir da Guia
22/01/1984 - Amistoso Estadual
Palmeiras 1x2 Comb. Amigos Ademir da Guia
Gol: Jorginho

Aveia Quaker: No amistoso entre Palmeiras e Combinado dos Amigos do Ademir da Guia, jogo que marcou a despedida do jogador dos gramados, o "Divino" entrou em campo com o patrocínio da Aveia Quaker na sua camisa.

Estreia Camisa   Ícone Simbólico

A história das camisas da S. E. PALMEIRAS — TEMPORADAS 1978 a 1991

Patrocínio Pontual
28/04/1984 - Torneio Heleno Nunes
Palmeiras 1x0 São Paulo/SP
Gol: Carlos Alberto Borges

Patrocínio Pontual
28/07/1984 - Campeonato Paulista
Marília/SP 0x1 Palmeiras
Gol: Luizinho Lemos

Patrocínio Pontual
25/07/1984 - Campeonato Paulista
Palmeiras 4x1 Comercial/SP
1º Gol: Luizinho Lemos

Patrocínio Pontual
05/08/1984 - Campeonato Paulista
Palmeiras 1x1 Santos/SP
Gol: Reinaldo Xavier

Patrocínio Pontual
12/08/1984 - Campeonato Paulista
América/SP 2x0 Palmeiras

Patrocínio Pontual
03/10/1984 - Campeonato Paulista
Palmeiras 4x1 XV de Piracicaba/SP
1º Gol: Jorginho

Sharp Arapuã: Patrocínio que estampou a camisa do Verdão no jogo contra o América/SP e posteriormente frente ao XV de Piracicaba/SP, ambos em 1984.

Estreia Camisa   Ícone Simbólico

A história das camisas da S. E. PALMEIRAS — TEMPORADAS 1978 a 1991

Patrocínio Pontual
21/10/1984 - Campeonato Paulista
Palmeiras 0x2 Santos/SP

Patrocínio Pontual
31/10/1984 - Campeonato Paulista
Palmeiras 2x0 Taquaritinga/SP
1º Gol: Gilcimar

Patrocínio Pontual
06/11/1984 - Amistoso Internacional
Palmeiras 0x2 Sel. do México

Marte Rolamentos: Nesse mesmo ano mais três jogos com outro patrocinador, a Marte Rolamentos. Enfrentou a Seleção do México com camisas brancas. Já contra o Taquaritinga/SP e Corinthians usou as camisas verdes.

CAMISAS 1985

Empresa Battistella: A evolução veio com o contrato de publicidade firmado com as empresas do Grupo Battistella: Consórcio, Financeira e a BAVESA, entre os meses de março e maio de 1985. Foram 15 jogos no total, sendo 8 partidas com a logomarca do Consórcio Battistella: Santos/SP, Náutico/PE, Bahia/BA, Goiás/GO, Portuguesa/SP, Cruzeiro/MG, Vasco/RJ e São Bento/SP; 5 jogos estampando a Financeira Battistella: Inter-RS, Santos, Náutico, Ferroviária/SP e Noroeste/SP; e finalmente 2 partidas com a BAVESA: São Paulo/SP e Flamengo/RJ.

52

Estreia Camisa   Ícone Simbólico

A história das camisas da S. E. PALMEIRAS — TEMPORADAS 1978 a 1991

Patrocínio Pontual
16/03/1985 - Campeonato Brasileiro
São Paulo/SP 4x4 Palmeiras
1º Gol: Mendonça

Bavesa: Além do São Paulo/SP a marca foi estampada no jogo seguinte contra o Flamengo/RJ.

Patrocínio Pontual
29/09/1985 - Campeonato Paulista
Santos/SP 0x0 Palmeiras

Lanche Mirabel: No final deste mesmo ano a empresa Adams fechou contrato para três jogos e apresentou um dos seus produtos mais conhecidos, o Lanche Mirabel. Foram três clássicos na sequência, com alta visibilidade para a empresa: empate contra o Santos e vitórias por 3 a 0 e 2 a 1 contra Corinthians/SP e São Paulo/SP, respectivamente, sendo que nesse último o logotipo da Adidas estava circundado com uma linha branca.

Estreia Camisa   Ícone Simbólico

A história das camisas da S. E. PALMEIRAS — TEMPORADAS 1978 a 1991

Patrocínio Pontual
03/11/1985 - Campeonato Paulista
Noroeste/SP 1x1 Palmeiras
Gol: Amarildo

Brandiesel: Nos estertores de 1985 a empresa Brandiesel estampou sua marca em dois jogos, primeiro contra o Noroeste de Bauru e por último o Botafogo de Ribeirão Preto.

CAMISAS 1986

Patrocínio Pontual
02/02/1986 - Amistoso Municipal
Palmeiras 2x1 Portuguesa/SP
1º Gol: Barbosa

Marte Rolamentos: Retorna estampando a camisa verde do Palmeiras em 1986, só que desta vez apresentando uma gola em "V", diferente de 84, quando a gola era redonda. Foram utilizadas em três partidas: Portuguesa/SP, Ponte Preta/SP e Santo André/SP.

Patrocínio
06/04/1986 - Campeonato Paulista
São Paulo/SP 1x1 Palmeiras
Gol: Mendonça

Cassino/Galeria Pagé/Shark: A partir de abril deste mesmo ano o Palmeiras foi patrocinado pelo Edifício Comercial Alternativo do Centro Velho de São Paulo, a famosa Galeria Pagé, ficando a logomarca do CASSINO na frente e a da SHARK nas costas da camisa, duas grandes lojas do complexo. A parceria permaneceu até o primeiro jogo da final do Paulista contra Inter de Limeira, contudo para a grande final a camisa ficou sem patrocínio, com exceção a de goleiros.

Estreia Camisa   Ícone Simbólico

A história das camisas da S. E. PALMEIRAS — TEMPORADAS 1978 a 1991

Em algumas partidas a Adidas estampou o "Trefoil" da empresa na manga direita.

Patrocínio Pontual
26/11/1986 - Campeonato Brasileiro
América/RJ 1x1 Palmeiras
Gol: Mirandinha

Borcol: Terminado o Campeonato Paulista, a Borcol estampou sua marca em cinco partidas do Campeonato Brasileiro de 1986, pela ordem: América/RJ, Ponte Preta/SP, Bangu/RJ, Santos/SP e São Paulo/SP.

Estreia Camisa   Ícone Simbólico

A história das camisas da S. E. PALMEIRAS — TEMPORADAS 1978 a 1991

CAMISAS 1987

Patrocínio
25/01/1987 - Campeonato Brasileiro/86
Treze/PB 0x2 Palmeiras
1º Gol: Ditinho

Agip: A distribuidora italiana de combustíveis e lubrificantes AGIP fechou um contrato de dois anos para estampar a camisa do Verdão, finalizado no jogo contra o Fluminense/RJ, em 18 de dezembro de 1988.

Curiosidade
21/06/1987 - Campeonato Paulista
Corinthians/SP 3x0 Palmeiras

Foram dois anos sem alterações no uniforme palmeirense de 1987 a 1988, exceto nesta partida frente ao Corinthians/SP.

GOL Nº 8.000
Data: 21/02/1988
União São João 3x3 Palmeiras
(Amistoso)
Autor: César Pereyra

CAMISAS 1989

Patrocínio
13/02/1989 - Amistoso Interestadual
Palmeiras 1x2 Flamengo/RJ
Gol: Neto

Coca-Cola: A marca de bebidas fechou um acordo com o Clube dos 13 e uma das cláusulas determinava que equipes que não possuíam nenhum patrocinador deveriam estampar o logotipo da empresa em suas camisas. Desta forma, o Verdão estampou a marca até 1992, quando se encerrou a parceria.

56

Estreia Camisa — Ícone Simbólico

A história das camisas da S. E. PALMEIRAS — TEMPORADAS 1978 a 1991

Curiosidade
05/08/1989 - Torneio La Linea
Sevilha/ESP 2x2 Palmeiras
1º Gol: Édson Boaro

No torneio La Linea em 1989, na cidade de Málaga na Espanha, o Palmeiras enfrentou o Sevilha com uma camisa verde, listras brancas nas mangas e gola polo. Repetiu este uniforme na competição contra o Slovan Bratislava/ESL.

Ao escudo foi agregado uma estrela vermelha e duas estrelas brancas, homenageando as conquistas do Mundial Interclubes de 1951 e os títulos Brasileiros de 1972 e 1973, respectivamente, uma exigência do artigo 139 do estatuto do clube. Entretanto, as estrelas foram usadas em poucos jogos.

Estreia Camisa   Ícone Simbólico

A história das camisas da S. E. PALMEIRAS TEMPORADAS 1978 a 1991

CAMISAS FUTSAL

Nos anos 80 algumas camisas foram usadas com patrocínios pontuais. O futsal foi uma das modalidades em que as marcas foram expostas.

Estreia Camisa   *Ícone Simbólico*

1992-1993

EVAIR

Evair, o "Matador", ganhou este apelido pelo seu faro de gol. Era um atacante clássico, de passadas elegantes e excelente visão de jogo. Em 1993, fez dois gols na vitória palmeirense sobre o rival Corinthians por 4 a 0, na final do Campeonato Paulista, e ficou marcado como principal símbolo da quebra do jejum alviverde de 16 anos sem conquistas. Em 1999, no jogo da final da Libertadores da América, Evair também não passou em branco e balançou a rede do Deportivo Cali-COL, garantindo a disputa do título nos pênaltis.

EDMUNDO

Atacante habilidoso e temperamental, foi apelidado de "Animal". Dentro e fora de campo, causava problemas com seu gênio explosivo. Foi essencial na conquista do Rio-São Paulo de 1993 com dois gols na decisão e peça fundamental na equipe que quebrou o jejum de títulos no mesmo ano na final do Campeonato Paulista. Caiu nas graças da torcida por defender as cores do clube com valentia. Fintas rápidas, visão de jogo, passes precisos e ótima finalização eram algumas das características de seu jogo.

A história das camisas da **S. E. PALMEIRAS** NÚMEROS E FONTES

FORNECEDOR: **Rhumell** ANO: **1993 a 1996**

0 1 2 3 4
5 6 7 8 9

0 1 2 3 4
5 6 7 8 9

1992-1993

O manto seria alvo de grande mudança no início da década de 90 com a entrada do patrocínio da multinacional Parmalat, promovendo um novo modelo de camisa, algo inédito no uniforme do clube, trazendo variadas opiniões da torcida palmeirense. A conquista de títulos nesta década esvaziou a discussão, que logo foi deixada de lado pelos torcedores.

CAMISA 1992

Estreia: 26 de Abril 1992
Partida: Palmeiras 1x0 Cruzeiro/MG
Campeonato: Brasileiro
1º Gol: Paulo Sérgio

CAMISA 1993

Estreia: 3 de Abril 1993
Partida: Palmeiras 2x1 Santos/SP
Campeonato: Paulista
1º Gol: Evair

A história das camisas da **S. E. PALMEIRAS** | TEMPORADAS 1992 a 1993

CAMISAS 1992

Estreia da Camisa I
26/04/1992 - Campeonato Brasileiro
Palmeiras 1x0 Cruzeiro/MG
Gol: Paulo Sérgio

Curiosidade
21/07/1992 - Copa do Brasil
Palmeiras 4x0 Sampaio Correa/MA
1º Gol: Sorato

Parmalat: A primeira vez que o Palmeiras estampou o logotipo da multinacional Parmalat na camisa I verde, tornando-se um dos maiores patrocínios do futebol brasileiro naquela época. O novo uniforme revelou um tom de verde mais claro com listras grossas em branco. O logotipo da Adidas veio aplicado em texto, porém em poucos jogos.

O Palmeiras surpreendeu a todos vestindo, no confronto perante o Sampaio Corrêa/MA em partida de volta da Copa do Brasil e menos de três meses após o lançamento do novo uniforme, o mesmo modelo da camisa II que vinha sendo utilizado nos anos anteriores. Excluindo somente o logo da Coca-Cola e inserindo o da Parmalat. A novidade durou apenas neste jogo, pois a fornecedora lançou um novo modelo de camisa II no segundo semestre deste ano.

A Adidas apresentou o seu tradicional Trefoil neste novo modelo de camisa que estreou na abertura do Campeonato Paulista, em 4 de julho de 1992, na vitória por 1 a 0 diante da São Carlense/SP.

O alviverde estreou este modelo de mangas longas, atípico na época, em 8 de agosto em 1992, contra a Portuguesa/SP. Voltou a usar em outros quatro jogos na temporada: três vezes no mês de setembro e na semifinal da Copa do Brasil, contra o Internacional/RS.

Estreia da Camisa II
04/10/1992 - Campeonato Paulista
Palmeiras 2x3 Guarani/SP
1º Gol: Cuca

O Palmeiras finalmente estreou o modelo do segundo uniforme após o acordo com a Parmalat no início de 1992, em jogo válido pela quinta rodada do Campeonato Paulista, no Brinco de Ouro da Princesa, contra o Guarani/SP.

Estreia Camisa | Ícone Simbólico

A história das camisas da S. E. PALMEIRAS — TEMPORADAS 1992 a 1993

CAMISAS 1993

Estreia da Camisa I
03/04/1993 - Campeonato Paulista
Palmeiras 2x1 Santos/SP
1º Gol: Evair

Estreia da Camisa II
06/05/1993 - Campeonato Paulista
União S. João/SP 0x1 Palmeiras
Gol: Edílson

O modelo também seguiu o padrão usado pela Adidas: branco e com linhas verdes nas mangas.

Rhumell: O Palmeiras voltaria a surpreender a todos com a substituição da alemã Adidas pela desconhecida marca no cenário nacional, Rhumell, como fornecedora de material esportivo. Estreou a camisa verde com um tom mais escuro e manteve as listras brancas.

Camisa do Título
12/06/1993 - Campeonato Paulista
Palmeiras 4x0 Corinthians/SP
1º Gol: Zinho

Escudeto de Campeão Paulista
20/08/1993 - Copa Parmalat
Boca Juniors/ARG 1x1 Palmeiras
Gol: Mazinho

O Palmeiras passou a ostentar o escudo da FPF (Federação Paulista de Futebol) após o título estadual.

A vitória diante do Corinthians/SP pelo Campeonato Paulista de 1993 quebrou um jejum de 16 anos sem títulos. Após os placares de 3 a 0 e 1 a 0, no tempo normal e na prorrogação, respectivamente, o Palmeiras sagrou-se campeão Paulista de 1993.

A Rhumell apresentou o seu modelo II de mangas longas no duelo diante do Grêmio/RS, pelas quartas-de-final da Copa do Brasil, no dia 13 de maio de 1993. Acompanhou o mesmo padrão do modelo de mangas curtas.

Campeão Paulista 1993 | Campeão Rio-SP 1993 | Campeão Brasileiro 1993

Estreia Camisa *Ícone Simbólico*

1994-1995

RIVALDO

Com um promissor início de carreira no Santa Cruz e no Mogi Mirim, Rivaldo chegou por empréstimo ao Corinthians. Sem conseguir desenvolver seu futebol por lá, o Palmeiras logo agiu e trouxe o meia para a disputa do Brasileirão de 1994 – atitude que se mostrou muito acertada, pois a final do torneio foi justamente contra o rival, e, nos dois jogos decisivos, Rivaldo teve atuações de gala, marcando três vezes e garantindo o título. Além disso, foi um dos destaques na campanha do título paulista de 1996. O pernambucano foi negociado para o Deportivo La Coruña-ESP e depois foi comprado pelo Barcelona-ESP, onde foi eleito o melhor jogador do mundo em 1999. Pela Seleção, sob o comando de Luiz Felipe Scolari, foi um dos mais decisivos atletas na conquista da Copa do Mundo de 2002.

CÉSAR SAMPAIO

Durante o período em que atuou pelo Palmeiras, foi o capitão absoluto da equipe. Técnico, com ótima visão de jogo e distribuição de bola e perfeito no desarme e na cobertura aos zagueiros, Sampaio é um raro caso de amor à camisa alviverde. Fez gols incríveis, como na semifinal do Campeonato Brasileiro de 1993, diante do São Paulo, no Morumbi e foi o primeiro e único jogador do elenco alviverde a ter a honra de levantar a Taça Libertadores na condição de capitão do time.

A história das camisas da **S. E. PALMEIRAS** NÚMEROS E FONTES

FORNECEDOR: **Rhumell**   ANO: **1993 a 1996**

0 1 2 3 4
5 6 7 8 9

0 1 2 3 4
5 6 7 8 9

1994-1995

Biênio com raras alterações nas camisas, distinção apenas para os patchs estampados relativos aos títulos conquistados em 1993 do Campeonato Paulista, Torneio Rio-SP e Campeonato Brasileiro.

CAMISA 1994 | CAMISA 1994

Estreia: 30 de Outubro 1994
Partida: São Paulo/SP 2x2 Palmeiras
Campeonato: Brasileiro
1º Gol: Antônio Carlos

Estreia: 01 de Outubro 1994
Partida: Palmeiras 1x0 Sport Recife/PE
Campeonato: Brasileiro
1º Gol: Sandro

A história das camisas da **S. E. PALMEIRAS** TEMPORADAS 1994 a 1995

CAMISAS 1994

Este novo modelo da Rhumell da camisa I, lançado no início da temporada de 1994 para a disputa do Campeonato Paulista, apresenta uma ligeira alteração no detalhe da gola. É estampado na manga esquerda com o escudo da FPF.

Escudeto de Campeão Brasileiro
02/03/1994 - Taça Libertadores
Palmeiras 2x0 Cruzeiro/MG
1º Gol: Edilson

CAMPEÃO-93

O patch da CBF pela conquista do Campeonato Brasileiro de 1993 foi estampado na manga esquerda da camisa na estreia da Taça Libertadores de 1994, diante do Cruzeiro/MG.

Campeão Paulista 1994

Estreia Camisa Ícone Simbólico

A história das camisas da **S. E. PALMEIRAS** — TEMPORADAS 1994 a 1995

Estreia da Camisa I
08/10/1994 - Campeonato Brasileiro
Palmeiras 1x0 Paraná Clube/PR
Gol: Antônio Carlos

Estreia da Camisa II
01/10/1994 - Campeonato Brasileiro
Palmeiras 1x0 Sport Recife/PE
Gol: Sandro

BI-CAMPEÃO

O modelo da camisa de 1994 trouxe um desenho de gola diferente da anterior. Um novo layout no logo da Rhumell. Percebemos também a aparição do bicampeão abaixo do escudo da Federação Paulista.

CAMISAS 1995

Número frente da camisa
21/02/1995 - Taça Libertadores
Palmeiras 3x2 Grêmio/RS
1º Gol: Roberto Carlos

Número frente da camisa
22/03/1995 - Taça Libertadores
Grêmio/RS 0x0 Palmeiras

Estreia da Camisa II - Manga longa
11/04/1995 - Copa do Brasil
Grêmio/RS 1x1 Palmeiras
Gol: Rivaldo

Campeão Brasileiro 1994

Estreia Camisa   Ícone Simbólico

1996-1997

DJALMINHA

Revelado pelo Flamengo, fez três boas temporadas no Guarani: 1993/1994/1995. Até que a Parmalat o trouxe para ser o armador do time de Vanderlei Luxemburgo. Com passes precisos, o meia clássico, elegante e habilidoso foi o mentor da maioria dos 102 gols marcados pelo histórico ataque do título paulista de 1996 – foi a melhor campanha nos Campeonatos Paulistas da era profissional. Pela Seleção, foi campeão da Copa América de 1997, disputada na Bolívia.

CAFU

O Palmeiras manifestou interesse no lateral quando ele ainda atuava no Zaragoza-ESP, porém, por pertencer anteriormente ao São Paulo, o clube do Morumbi proibiu, por força de contrato, que Cafu se transferisse para um grande time paulista logo na sequência. O jeito foi realizar uma curta estadia no Juventude, que, na época, tinha o mesmo patrocinador do Verdão, e depois desembarcar no Palestra. O investimento deu resultado, pois, logo em sua segunda partida, marcou duas vezes na vitória por 5 a 1 sobre o Grêmio, em jogo de volta das quartas de final da Taça Libertadores da América. Ainda foi um dos principais destaques na campanha do título paulista de 1996, no qual o ataque marcou mais de 100 gols.

A história das camisas da S. E. PALMEIRAS NÚMEROS E FONTES

FORNECEDOR: Reebok **ANO:** 1996 a 1999

0 1
2 3
4 5
6 7
8 9

0 1
2 3
4 5
6 7
8 9

0 1
2 3
4 5
6 7
8 9

0 1
2 3
4 5
6 7
8 9

ABCDEFGHIJK
LMNOPRSTU
XYZ.,

70

1996-1997

Uma nova alteração de fornecedor do nosso material esportivo ocorreu em 1996, com a saída da Rhumell e a chegada da Reebok. Neste período a nova empresa lançou alguns modelos de camisas retrô, alusivas ao antigo uniforme do Palestra Italia, de 1916.

CAMISA 1996

Estreia: 28 de Janeiro 1996
Partida: Palmeiras 6x0 Ferroviária/SP
Campeonato: Paulista
1º Gol: Luizão

CAMISA 1997

Estreia: 05 de Julho 1997
Partida: Palmeiras 4x0 Fluminense/RJ
Campeonato: Brasileiro
1º Gol: Edmílson

A história das camisas da S. E. PALMEIRAS — TEMPORADAS 1996 a 1997

CAMISAS 1996

Camisa Comemorativa
23/01/1996 - Copa Euro-América
Palmeiras 6x1 Borussia Dortmund/ALE
1º Gol: Rovaldo-

Estreia da Camisa I
28/01/1996 - Campeonato Paulista
Palmeiras 6x1 Ferroviária/SP
1º Gol: Luizão

A Rhumell apresentou um novo modelo de camisa em novembro de 1995. Mas estrearia oficialmente apenas no Campeonato Paulista do ano seguinte. Curiosamente trazia o logo da CBF no centro da camisa, apesar de não haver conquistado nenhum título nacional que justificasse a utilização.

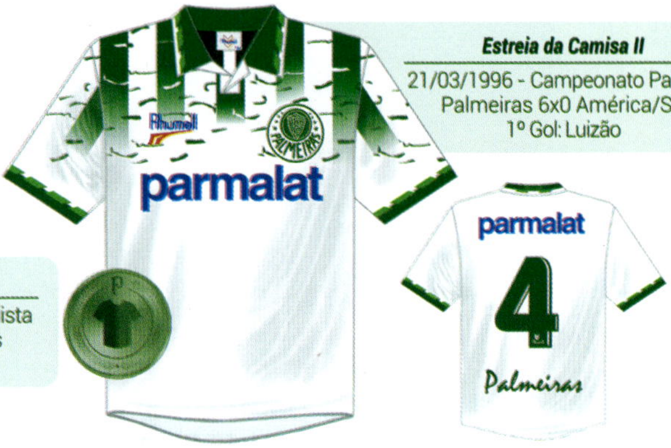

O modelo retrô de camisa verde com faixa branca, relembrando o antigo uniforme do Palestra Italia de 1916, estreou na Copa Euro-América, com vitória de 6 a 1 contra o Borussia Dortmund, da Alemanha. Na sequência do torneio conquistaria o bicampeonato contra o Flamengo, utilizando esse modelo.

Retirada do Escudeto da CBF
16/03/1996 - Campeonato Paulista
Botafogo/SP 0x8 Palmeiras
1º Gol: Luizão

Estreia da Camisa II
21/03/1996 - Campeonato Paulista
Palmeiras 6x0 América/SP
1º Gol: Luizão

Estreia da Camisa II - Manga longa
16/05/1996 - Campeonato Paulista
Palmeiras 2x1 Rio Branco/SP
1º Gol: Rivaldo

Camisa título
02/06/1996 - Campeonato Paulista
Palmeiras 2x0 Santos/SP
1º Gol: Luizão

Campeão Paulista 1996

GOL Nº 9.000
Data: 07/05/1996
Palmeiras 2x0 Paraná/PR
(Copa do Brasil)
Autor: Djalminha

Estreia Camisa   Ícone Simbólico

A história das camisas da S. E. PALMEIRAS TEMPORADAS 1996 a 1997

Escudeto de Campeão Paulista
14/06/1996 - Copa do Brasil
Cruzeiro/MG 1x1 Palmeiras
Gol: Cláudio

Escudeto de Campeão Paulista
04/08/1996 - Amistoso
Juventude/RS 1x0 Palmeiras

Após a conquista do Campeonato Paulista de 1996 o Palmeiras passou a ostentar o logo da FPF no centro da camisa.

Estreia da Camisa I
10/08/1996 - Campeonato Brasileiro
Bahia/BA 0x0 Palmeiras

O mês de agosto de 1996 registrou a troca da Rhumell pela Reebok. A nova fornecedora seguiu com os padrões de modelo das camisas dos anos anteriores: verde com listras brancas, além de mudanças na gola e nas mangas.

Time Feminino: A categoria feminina do futebol do Palmeiras foi criada em 1997, sendo o Verdão um dos primeiros clubes paulistas a investir na modalidade.

Estreia da Camisa II
27/10/1996 - Campeonato Brasileiro
Grêmio/RS 1x1 Palmeiras
Gol: Viola

Estreia da Camisa II - Manga longa
14/08/1996 - Campeonato Brasileiro
Palmeiras 0x0 Internacional/RS

Estreia Camisa   Ícone Simbólico

A história das camisas da S. E. PALMEIRAS — TEMPORADAS 1996 a 1997

CAMISAS 1997

Camisa Comemorativa
18/01/1997 - Torneio Rio-SP
Botafogo/RJ 2x3 Palmeiras
1º Gol: Viola

No início de 1997 o Palmeiras lançou um modelo comemorativo de camisa para a estreia no Torneio Rio-São Paulo: verde com faixa branca. O Verdão enfrentou o Botafogo/RJ na cidade do Rio de Janeiro. No jogo de volta, 23 de janeiro no Palestra Italia, o time alviverde jogou com o modelo II, invertendo apenas as cores.

Estreia da Camisa I - Manga longa
05/07/1997 - Campeonato Brasileiro
Palmeiras 4x0 Fluminense/RJ
1º Gol: Edmílson

Estreia da Camisa I
10/07/1997 - Campeonato Brasileiro
Atlético/MG 0x1 Palmeiras
1º Gol: Edmílson

Estreia da Camisa I - Manga longa
16/07/1997 - Campeonato Brasileiro
Juventude/RS 2x1 Palmeiras
Gol: Flávio

No Campeonato Brasileiro, contra o Fluminense/RJ, a camisa inova com uma divisão ao meio, separando os dois tons de verde e o escudo em marca d'água no centro.

Estreia da Camisa III
23/07/1997 - Amistoso Internacional
New England Revolution/EUA 0x1 Palmeiras
Gol: Euller

Estreia da Camisa II
18/10/1997 - Campeonato Brasileiro
Flamengo/RJ 0x0 Palmeiras

O final de julho de 1997 marca a estreia da camisa III no amistoso internacional contra o time americano do New England Revolution, conquistando a Taça da Amizade no EUA e o Torneio Naranja na Espanha em 1997. O modelo tinha linhas grossas em dois tons de verde e o detalhe do escudo em marca d'água no centro. O escudo do Palestra Italia na manga esquerda.

Estreia Camisa   Ícone Simbólico

1998-1999

MARCOS

Marcos veio do interior sem alarde para jogar no Sub-20 e ficou anos na reserva do time profissional antes de, como um supersônico em ascensão, conduzir o Palmeiras ao inédito título da Libertadores de 1999 e representar o Verdão na conquista da Copa do Mundo de 2002. Mais do que isso: em tempos em que atuar na Europa virou quase uma obsessão dos jogadores brasileiros, os 20 anos de dedicação exclusiva ao clube de coração fez dele o grande ídolo de uma geração, canonizado e reverenciado em procissão ao pendurar as luvas. Tornou-se o "São Marcos de Palestra Italia".

LUIZ FELIPE SCOLARI

Luiz Felipe Scolari está marcado para sempre como um dos grandes personagens da história do Palmeiras. Campeão da Copa do Brasil duas vezes (1998 e 2012), da Copa Mercosul (1998), da Copa Libertadores (1999), do Torneio Rio São-Paulo (2000) e do Campeonato Brasileiro (2018). O treinador comandou o Verdão na Libertadores em 43 jogos, em 203 partidas de Campeonatos Brasileiros e em 51 duelos de Copas do Brasil. Em sua primeira passagem no comando técnico do Palmeiras, o treinador levou o Verdão ao primeiro título da Libertadores, em 1999. Aquela conquista também teve relevância especial em sua importante carreira. Com destaque para o título da Copa do Mundo de 2002, com a Seleção Brasileira.

A história das camisas da **S. E. PALMEIRAS** NÚMEROS E FONTES

FORNECEDOR: Reebok   ANO: 1996 a 1999

```
0 1   0 1   0 1   0 1
2 3   2 3   2 3   2 3
4 5   4 5   4 5   4 5
6 7   6 7   6 7   6 7
8 9   8 9   8 9   8 9
```

ABCDEFGHIJK
LMNOPRSTU
XYZ.,

1998-1999

O período começa com o retorno da Rhumell como fornecedora do material esportivo e um fato marcante: a conquista da inédita Libertadores da América.

CAMISA 1998 | CAMISA 1999

Estreia: 16 de Setembro 1998
Partida: Independiente/ARG 0x3 Palmeiras
Campeonato: Copa Mercosul
1º Gol: Paulo Nunes

Estreia: 21 de Maio 1999
Partida: Palmeiras 4x2 Flamengo/RJ
Campeonato: Copa do Brasil
1º Gol: Oséas

A história das camisas da S. E. PALMEIRAS | TEMPORADAS 1998 a 1999

CAMISAS 1998

Camisa do Título
30/05/1998 - Copa do Brasil
Palmeiras 2x0 Cruzeiro/MG
1º Gol: Paulo Nunes

Nas finais da Copa do Brasil de 1998 diante do Cruzeiro/MG, o Palmeiras utilizou dois modelos de uniformes, os mesmos de 1997. Na primeira partida entrou em campo com o mesmo da final do Brasileiro, contra o Vasco/RJ. No jogo decisivo, voltou a usar o mesmo modelo, porém com uma modificação: estampando um dos produtos da patrocinadora Parmalat na frente e nas costas da camisa, a Santal Active. Conquistaria sua primeira Copa do Brasil.

Estreia da Camisa I
16/09/1998 - Copa Mercosul
Independiente/ARG 0x3 Palmeiras
1º Gol: Paulo Nunes

CAMPEÃO COPA DO BRASIL 98

Ainda em 1998 estreou a camisa I, com listras grossas em dois tons de verde. O modelo contemplava o logo de CBF, relacionado ao título da Copa do Brasil. Seria a mesma camisa da conquista da Copa Mercosul no dia 29 de dezembro, em disputa contra o Cruzeiro/MG, vencendo a partida pelo placar de 1 a 0. Gol de Arce.

Estreia da Camisa II
26/12/1998 - Copa Mercosul
Palmeiras 3x1 Cruzeiro/MG
1º Gol: Cléber

Campeão Copa do Brasil 1998
Campeão Mercosul 1998

Estreia Camisa | Ícone Simbólico

A história das camisas da S. E. PALMEIRAS — TEMPORADAS 1998 a 1999

CAMISAS 1999

Patch de Campeão Copa Mercosul
24/01/1999 - Torneio Rio-SP
Palmeiras 1x5 Vasco/RJ
1º Gol: Jackson

O Palmeiras passou a usar em 1999 o patch da Copa Mercosul na manga esquerda, conquistada pelo Verdão no ano anterior. O escudo da CBF continuou na manga direita da camisa.

Estreia Camisa   Ícone Simbólico

A história das camisas da S. E. PALMEIRAS — TEMPORADAS 1998 a 1999

Estreia da Camisa I
21/05/1999 - Copa do Brasil
Palmeiras 4x2 Flamengo/RJ
1º Gol: Oséas

Quase no fim do primeiro semestre de 1999, a Rhumell voltou como fornecedora de material esportivo do Verdão. A novidade ficou por conta da alteração no escudo, deslocando sua posição do peito para o centro da camisa, emoldurado e com quatro estrelas acima, simbolizando a conquista dos Campeonatos Brasileiros. Lembrando que o fato aconteceu antes da unificação de todos os títulos nacionais, homologada pela CBF. A estreia ocorreu na vitória histórica contra o Flamengo/RJ pela Copa do Brasil. A camisa ficou marcada.

Estreia da Camisa II
02/06/1999 - Taça Libertadores
Deportivo Cali/COL 1x0 Palmeiras

Campeão Libertadores 1999

Esse manto foi usado na até então inédita conquista da Taça Libertadores de 1999, após vencer o Deportivo Cali/COL, nos pênaltis, no antigo Palestra Italia.

Estreia Camisa   Ícone Simbólico

A história das camisas da S. E. PALMEIRAS — TEMPORADAS 1998 a 1999

Patch de Campeão Taça Libertadores
22/08/1999 - Campeonato Brasileiro
Palmeiras 0x2 Gama/DF

Para a felicidade da família palmeirense o manto do Verdão passou a ostentar o logo da Conmebol e uma estrela nos ombros, referentes ao título da Taça Libertadores.

Estreia da Camisa III
09/09/1999 - Copa Mercosul
Racing/ARG 2x4 Palmeiras
1º Gol: Alex

O modelo continua verde, mas com linhas em detalhes vermelhos.

O departamento de marketing do clube lançou uma camisa especial para o torcedor palmeirense. O modelo usado na conquista da Taça Libertadores com os autógrafos dos jogadores do elenco campeão.

81

Estreia Camisa   *Ícone Simbólico*

2000-2002

ARCE

A pedido do técnico Luiz Felipe Scolari, o Palmeiras trouxe o então lateral do Grêmio por uma quantia em dinheiro, mais os atletas palmeirenses Rodrigo e Maurílio. A troca se mostrou muito positiva, pois os cruzamentos e as cobranças de bola parada do paraguaio entraram para a história do clube, rendendo conquistas nacionais e no exterior. Disputou as Copas do Mundo de 1998 e 2002 e, ao se aposentar, tornou-se técnico. É o estrangeiro que mais entrou em campo pelo Verdão, ao lado do chileno Valdivia, e o segundo que mais fez gols, atrás do argentino Echevarrieta.

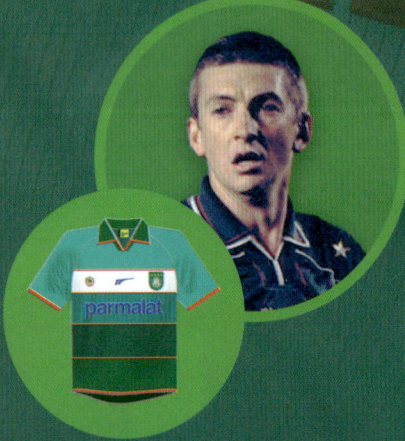

GALEANO

Ainda muito jovem, foi lançado no time principal por Émerson Leão e acabou emprestado ao Rio Branco de Americana em 1992 e ao Juventude posteriormente. Quando voltou, iniciou uma sequência histórica de títulos nacionais e internacionais. Em 2000, foi coroado com o gol que levou a disputa da semifinal da Libertadores daquele ano, contra o Corinthians, para os pênaltis. Nas penalidades, o resultado foi a histórica defesa de Marcos na cobrança de Marcelinho Carioca e o Verdão na semifinal.

A história das camisas da S. E. PALMEIRAS NÚMEROS E FONTES

FORNECEDOR: Rhumell   **ANO:** 1999 a 2002

01 01 01 01
23 23 23 23
45 45 45 45
67 67 67 67
89 89 89 89

ABCÇDEFGH
IJKLMNOPQ
RSTUVWXYZ
¡^~

ABCDEFGH
IJKLMNOPQ
RSTUVWXYZ
¡^~

2000-2002

A parceria vitoriosa de quase dez anos com a empresa de laticínios Parmalat terminou no início de 2001. Como consequência, a camisa do Palmeiras ficaria sem patrocínio no primeiro semestre. Somente em julho o manto voltaria a estampar outra empresa no seu uniforme. A empresa privilegiada seria a marca de pneus italiana Pirelli.

CAMISA 2000

Estreia: 05 de Fevereiro 2000
Partida: Palmeiras 2x1 Vasco/RJ
Campeonato: Torneio Rio-SP
1º Gol: Basílio

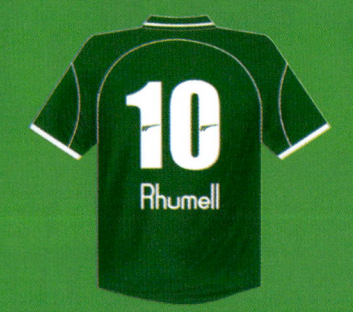

CAMISA 2001

Estreia: 18 de Janeiro 2001
Partida: Palmeiras 1x3 Fluminense/RJ
Campeonato: Torneio Rio-SP
1º Gol: Flávio

CAMISA 2002

Estreia: 13 de Fevereiro 2002
Partida: Asa/AL 1x0 Palmeiras
Campeonato: Copa do Brasil
1º Gol: -

A história das camisas da S. E. PALMEIRAS — TEMPORADAS 2000 a 2002

CAMISAS 2000

Estreia da Camisa
05/02/2000 - Torneio Rio-SP
Palmeiras 2x1 Vasco/RJ
1º Gol: Basílio

A Rhumell inovou na camisa no início de 2000. O modelo trazia tons diferentes de verde e detalhes em vermelho. Esse uniforme agregaria mais dois títulos ao Verdão: o Rio-SP e a Copa dos Campeões, vencendo nas finais: Vasco/RJ e Sport/PE, respectivamente.

Estreia da Camisa I - Manga longa
06/04/2000 - Taça Libertadores
The Strongest/Bol 4x2 Palmeiras
1º Gol: Arce

Os nomes eram aplicados nas costas das camisas apenas nos jogos válidos pela Taça Libertadores.

Estreia da Camisa II - Manga longa
20/04/2000 - Taça Libertadores
Juventude/RS 2x2 Palmeiras
1º Gol: César Sampaio

Estreia da Camisa I
02/04/2000 - Campeonato Paulista
Palmeiras 2x1 Botafogo/RJ
1º Gol: Marcelo Ramos

Camisa II
Não jogou oficialmente com este modelo

Campeão Rio-SP 2000
Campeão Copa dos Campeões 2000

Estreia Camisa   Ícone Simbólico

A história das camisas da S. E. PALMEIRAS — TEMPORADAS 2000 a 2002

Estreia da Camisa I
10/09/2000 - Campeonato Brasileiro
Flamengo/RJ 0x0 Palmeiras

A gola redonda, famosa nos anos 70, voltaria quase no fim de 2000. O escudo da Conmebol desapareceu no nobvo modelo.

Estreia da Camisa III
07/09/2000 - Copa Mercosul
Palmeiras 0x2 Cruzeiro/MG

A gola redonda prevalece. Excluindo o escudo da Conmebol e inserindo o logo da fornecedora de material esportivo Rhumell.

Estreia da Camisa III - Manga longa
20/09/2000 - Copa Mercosul
Universidad Catolica/CHI 1x3 Palmeiras
1º Gol: Lopes

Estreia da Camisa II
24/09/2000 - Campeonato Brasileiro
Palmeiras 1x0 Fluminense/RJ
Gol: Basílio

CAMISAS 2001

Estreia da Camisa I
18/01/2001 - Torneio Rio-SP
Palmeiras 1x3 Fluminense/RJ
Gol: Flávio

A curiosidade desse modelo de camisa é a ausência de publicidade. Eventualidade que também aconteceu em 1989, na excursão pela Europa, quando o Palmeiras foi impedido de estampar o patrocínio da empresa de bebidas Coca-Cola. Os nomes dos atletas não constavam acima do número na estreia do clube no torneio Rio-SP, fato que passou a ocorrer na disputa do Campeonato Paulista e da Libertadores de 2001.

Estreia Camisa *Ícone Simbólico*

A história das camisas da S. E. PALMEIRAS — TEMPORADAS 2000 a 2002

Estreia da Camisa I - Manga longa
16/05/2001 - Taça Libertadores
Palmeiras 1x0 São Caetano/SP
Gol: Muñoz

Estreia da Camisa II
08/04/2001 - Campeonato Paulista
Guarani/SP 1x2 Palmeiras
1º Gol: Alex

Estreia da Camisa II
14/07/2001 - Amistoso Estadual
Paulista de Jundiaí/SP 1x0 Palmeiras

Pirelli: O novo modelo traz novamente a gola em "V" a partir de julho, com listras em verde. Após longo período sem patrocinador estampado, a Pirelli, outra empresa italiana, surge no peito da camisa.

Estreia da Camisa I
21/07/2001 - Amistoso Interestadual
Palmeiras 3x1 Londrina/PR
1º Gol: Leonardo

Estreia Camisa   Ícone Simbólico

A história das camisas da S. E. PALMEIRAS — TEMPORADAS 2000 a 2002

Estreia da Camisa III - Manga longa
25/07/2001 - Copa Mercosul
Univ. de Chile/CHI 2x1 Palmeiras
Gol: Arce

O modelo segue o padrão das camisas I e II, mas com detalhes em vermelho.

Estreia da Camisa III
13/09/2001 - Copa Mercosul
Palmeiras 4x0 Univ. de Chile/CHI
1º Gol: Galeano

CAMISAS 2002

Escudeto do Rio-SP
27/01/2002 - Torneio Rio-SP
Botafogo/RJ 2x1 Palmeiras
Gol: Alexandre

Camisa II
Não jogou oficialmente com este modelo

Palmeiras passou a ostentar na manga esquerda o patch do Torneio Rio-SP em 2002. A partir do meio da disputa até o seu término, estampou os nomes dos atletas nas costas acima da logomarca do patrocinador. Também trajou esse model nos dois jogos do Supercampeonato Paulista.

O Palmeiras Nordeste Futebol Ltda foi fundando em agosto de 2000 na cidade de Feira de Santana, na Bahia. A iniciativa ocorreu após parceria entre a S. E. Palmeiras e a Associação Atlética Independente. Em 2004, no entanto, a diretoria alviverde optou por encerrar o negócio.

Estreia da Camisa III
13/02/2002 - Copa do Brasil
Asa/AL 1x0 Palmeiras

Essa camisa III estreou na Copa do Brasil e tinha uma tonalidade de verde diferente da normalmente usada pelo clube, com faixas em cinza nas mangas. Voltaria a usá-la na Copa dos Campeões de 2002.

Estreia Camisa — Ícone Simbólico

A história das camisas da S. E. PALMEIRAS — TEMPORADAS 2000 a 2002

Estreia da Camisa I
11/08/2002 - Campeonato Brasileiro
Palmeiras 1x1 Grêmio/RS
Gol: Nenê

O modelo acima surpreendeu ao apresentar a gola, as mangas e punhos na mesma cor. Fato atípico. Outra peculiaridade foi a volta do escudo do lado esquerdo do peito.

Estreia da Camisa I - Manga longa
01/09/2002 - Campeonato Brasileiro
Palmeiras 1x5 Paraná Clube/PR
Gol: Dodô

Cinturato
29/09/2002 - Campeonato Brasileiro
Santos/SP 1x1 Palmeiras
Gol: Arce

Cinturato: A fabricante de pneus italiana Pirelli estampou um dos seus produtos no peito da camisa, o Cinturato P4.

Estreia da Camisa II
09/10/2002 - Campeonato Brasileiro
Goiás/GO 4x2 Palmeiras
1º Gol: Arce

Cinturato
06/11/2002 - Campeonato Brasileiro
Palmeiras 0x3 Fluminense/RJ

Estreia Camisa   Ícone Simbólico

2003--2005

EDMILSON

Atacante revelado pela base do Palmeiras em 2003, formando a dupla de ataque com Vagner Love na conquista da Série B no Campeonato Brasileiro de 2003.

VAGNERLOVE

Outra revelação das categorias de base do Verdão, Love agregou números importantes ao clube, contribuindo no retorno do Verdão à elite do futebol brasileiro. Contabilizadas todas as passagens do jogador pelo alviverde, foram 36 gols em 57 jogos.

A história das camisas da S. E. PALMEIRAS NÚMEROS E FONTES

FORNECEDOR: DIADORA **ANO:** 2003 a 2005

0 1 2 3 4
5 6 7 8 9

0 1 2 3 4
5 6 7 8 9

A B C D E F G H I Y J L M N O P Q R S T U V W X Z

2003--2005

Após um seleto grupo de três empresas vestirem os atletas, o Palmeiras prosseguiu na vanguarda do cenário futebolístico nacional rompendo o paradigma no fornecimento do material esportivo. A inovação surgiu com a até então desconhecida empresa italiana no Brasil, Diadora. Ficou marcada na história pela tecnologia utilizada na produção.

CAMISA 2003

Estreia: 02 de Agosto 2003
Partida: Paulista/SP 1x2 Palmeiras
Campeonato: Brasileiro
1º Gol: Edmílson

CAMISA 2004

Estreia: 21 de Janeiro 2004
Partida: Palmeiras 5x2 Paulista/SP
Campeonato: Paulista
1º Gol: Muñoz

CAMISA 2005

Estreia: 19 de Janeiro 2005
Partida: Inter de Limeira/SP 3x5 Palmeiras
Campeonato: Paulista
1º Gol: Marcel

A história das camisas da **S. E. PALMEIRAS** TEMPORADAS 2003 a 2005

CAMISAS 2003

Camisa Tampão I
05/07/2003 - Campeonato Brasileiro
Palmeiras 2x1 Joinville/SC
1º Gol: Lúcio

Corria o mês de julho de 2003 e o Palmeiras vivia a transição na troca do fornecedor de material esportivo, com a iminente saída da Rhumell e a chegada da Diadora. Por esta razão entrou em campo em partida válida pelo Campeonato Brasileiro com a camisa verde contendo apenas o escudo e o patrocinador.

Estreia da Camisa I
02/08/2003 - Campeonato Brasileiro
Paulista/SP 1x2 Palmeiras
1º Gol: Edmílson

Camisa Tampão II
30/07/2003 - Copa Sul-Americana
São Caetano/SP 3x0 Palmeiras

Finalmente em agosto de 2003 a fornecedora italiana Diadora ingressou com sua marca na camisa do Verdão. De imediato alterou a posição do escudo, que passou a ser no centro da camisa e trouxe detalhes em branco nas mangas e a gola em "V". A maior novidade embarcada no uniforme respondia pelo nome de "tecnologia one of eleven". Presentes no ombro, algumas bolinhas vermelhas mudavam de cor para verde quando entravam em contato com o calor corporal. O Verdão retornou à Série A do Campeonato Brasileiro vestindo esse uniforme, sagrando-se campeão na vitória por 4 a 1 diante do Botafogo/RJ, no antigo Palestra Italia.

Nesta outra partida da Copa Sul-Americana, o modelo utilizado foi idêntico à camisa I, invertendo somente as cores. Seguia no aguardo da definição do fornecedor do uniforme.

Estreia da Camisa II
04/02/2004 - Copa do Brasil
Tuna Luso/PA 1x3 Palmeiras
1º Gol: Vágner Love

GOL Nº 10.000
Data: 19/02/2003
Ponte Preta/SP 2x2 Palmeiras
(Campeonato Paulista)
Autor: Claudecir

Esse modelo foi lançado em 2003, mas foi usado oficialmente pela primeira vez apenas no ano seguinte.

Campeão Brasileiro Série B 2003

Estreia Camisa   Ícone Simbólico

A história das camisas da S. E. PALMEIRAS TEMPORADAS 2003 a 2005

Estreia da Camisa I - Manga longa
13/08/2003 - Copa Sul-Americana
Palmeiras 0x1 Cruzeiro/MG

Estreia da Camisa I
21/01/2004 - Campeonato Paulista
Palmeiras 5x2 Paulista/SP
1º Gol: Diego Souza

Essa camisa assombrou no início de 2004 com a forma que demarcava o corpo, com uma modelagem mais justa. Trouxe também a gola redonda com detalhes em amarelo e branco, presentes igualmente nas mangas.

CAMISAS 2004

Estreia da Camisa I - Manga longa
08/05/2004 - Campeonato Brasileiro
Palmeiras 3x0 Ponte Preta/SP
1º Gol: Nen

Curiosidade
21/02/2004 - Campeonato Paulista
São Caetano/SP 1x0 Palmeiras

Neste mesmo ano a camisa do Verdão trazia os autógrafos dos jogadores em algumas partidas, tanto no Campeonato Paulista quanto no Brasileiro.

Estreia da Camisa III
07/09/2004 - Campeonato Brasileiro
Palmeiras 1x3 Cruzeiro/MG
Gol: Osmar

Estreia da Camisa II
28/07/2004 - Campeonato Brasileiro
Guarani/SP 1x0 Palmeiras

Nos festejos de comemoração ao aniversário de 90 anos do clube, o Palmeiras lançou um modelo reverenciando o antigo uniforme do Palestra Italia, usado em 1916, com a Cruz de Savóia no peito. As modificações em relação à original ficaram por conta da inserção das marcas Diadora e Pirelli.

Estreia Camisa   *Ícone Simbólico*

A história das camisas da S. E. PALMEIRAS — TEMPORADAS 2003 a 2005

Patrocínio nas Mangas
17/10/2004 - Campeonato Brasileiro
Juventude/RS 0x2 Palmeiras
1º Gol: Nen

Patrocínio nas Mangas
07/10/2004 - Campeonato Brasileiro
Palmeiras 1x1 Paraná Clube/PR
Gol: Baiano

A empresa da área de tecnologia Siemens teve o privilégio de ser a pioneira na história do Verdão a estampar sua marca nas mangas do manto sagrado.

CAMISAS 2005

Estreia da Camisa I
19/01/2005 - Campeonato Paulista
Inter de Limeira/SP 3x5 Palmeiras
1º Gol: Marcel

Curiosidade
02/02/2005 - Taça Libertadores
Tacuary/PAR 2x2 Palmeiras
1º Gol: Magrão

Em 2005, o modelo seguiu os moldes da camisa usada no ano anterior, diferindo apenas no lado direito da camisa, trazendo detalhes com as faixas branca e amarela, partindo da gola em direção à cintura.

Adequando-se às normas estabelecidas pela Conmebol, o Palmeiras passou a estampar os números na parte de frente da camisa e os nomes dos atletas abaixo do patrocinador, nas costas.

Estreia Camisa — *Ícone Simbólico*

A história das camisas da S. E. PALMEIRAS — TEMPORADAS 2003 a 2005

Estreia da Camisa I - Manga longa
23/04/2005 - Campeonato Brasileiro
São Caetano/SP 2x2 Palmeiras
1º Gol: Osmar

Estreia da Camisa I - Manga longa
25/05/2005 - Taça Libertadores
São Paulo/SP 2x0 Palmeiras

Estreia da Camisa II
11/06/2005 - Campeonato Brasileiro
Goiás/GO 2x1 Palmeiras
Gol: Juninho Paulista

Cinturato
08/10/2005 - Campeonato Brasileiro
Botafogo/RJ 1x2 Palmeiras
1º Gol: Marcinho Guerreiro

Novo P7: O patrocinador master do Palmeiras, a Pirelli, estampou um dos seus produtos na frente da camisa, a marca "Novo P7".

Estreia Camisa *Ícone Simbólico*

2006-2008

VALDIVIA

Na primeira passagem do irreverente Valdivia pelo Palmeiras, entre 2006 e 2008, o camisa 10 disputou 93 jogos e marcou 24 gols. Sendo destaque na conquista o Campeonato Paulista de 2008.

ALEX MINEIRO

O camisa 9 alcançou números expressivos atuando no time campeão paulista em 2008: artilheiro do estadual com 15 gols; o maior artilheiro do século do clube em uma única temporada; responsável por 35% do total de 49 gols do time, com média de 0,65 por jogo.

A história das camisas da **S. E. PALMEIRAS** NÚMEROS E FONTES

FORNECEDOR: **adidas**   ANO: **2006 a 2008**

01 23 45 67 89
01 23 45 67 89
01 23 45 67 89

ABCDEFGHIJKLMNOPQRSTUVWXYZ,.~^

0123456789

ABCDEFGHIJKLMNOPQRSTUVWXYZ

2006-2008

A fornecedora de material esportivo Adidas retornou e tivemos o advento da montadora italiana Fiat como patrocinadora em detrimento da Pirelli. A fabricante de tintas Suvinil surgiu estampando as mangas da camisa. O lançamento da camisa verde limão teve impacto grande em 2007. O modelo é abraçado até hoje pelos torcedores.

CAMISA 2006

Estreia: 18 de Janeiro 2006
Partida: Palmeiras 1x0 São Bento/SP
Campeonato: Paulista
1º Gol: Edmundo

CAMISA 2007

Estreia: 20 de Maio 2007
Partida: Palmeiras 2x1 Figueirense/SC
Campeonato: Brasileiro
1º Gol: Valdivia

CAMISA 2008

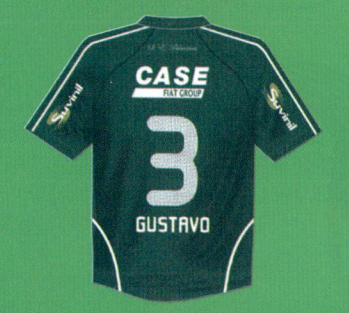

Estreia: 10 de Julho 2008
Partida: Palmeiras 2x1 Figueirense/SC
Campeonato: Brasileiro
1º Gol: Alex Mineiro

A história das camisas da S. E. PALMEIRAS — TEMPORADAS 2006 a 2008

CAMISAS 2006

Estreia da Camisa I
18/01/2006 - Campeonato Paulista
Palmeiras 1x0 São Bento/SP
Gol: Edmundo

Estreia da Camisa I - Manga longa
03/05/2006 - Taça Libertadores
São Paulo/SP 2x1 Palmeiras
Gol: Washington

A empresa alemã Adidas retornou e estreou o uniforme com sua logomarca na abertura do Campeonato Paulista de 2006, após 13 anos de ausência. O modelo manteve o verde padrão do clube e com as famosas três listras brancas da marca nos ombros.

Estreia da Camisa II
08/02/2006 - Campeonato Paulista
Guarani/SP 1x1 Palmeiras
Gol: Washington

Estreia da Camisa III
09/09/2006 - Campeonato Brasileiro
Palmeiras 3x1 São Caetano/SP
1º Gol: Daniel

O modelo de camisa III ficou distante das tradições do clube. Trouxe o verde apenas na lateral direita, com detalhes em branco, prevalecendo o cinza quase absoluto. Novamente a Pirelli estampou um dos seus produtos na frente da camisa. Dessa vez o privilégio recaiu sobre o Scorpion ATR.

Estreia Camisa — *Ícone Simbólico*

A história das camisas da S. E. PALMEIRAS — TEMPORADAS 2006 a 2008

CAMISAS 2007

Curiosidade
18/01/2007 - Campeonato Paulista
Palmeiras 4x2 Paulista/SP
1º Gol: Dininho

Estreia da Camisa I
20/05/2007 - Campeonato Brasileiro
Palmeiras 2x1 Figueirense/SC
1º Gol: Valdivia

A camisa I agregou o patch da Federação Paulista na sua manga direita, no início do Campeonato Paulista de 2007, simbolizando a competição daquele ano.

A camisa seguiu o modelo do ano anterior na estreia do Campeonato Basileiro, mas com detalhes brancos arredondados e mantendo uma simetria. Essa camisa abarcou de novo o patrocínio da Cinturato P4, uma marca de pneus da Pirelli.

Estreia da Camisa II
17/06/2007 - Campeonato Brasileiro
Goiás/GO 3x1 Palmeiras
1º Gol: Caio

Estreia da Camisa II - Manga longa
29/07/2007 - Campeonato Brasileiro
Juventude/RS 1x1 Palmeiras
Gol: Luis

Estreia da Camisa III
09/09/2007 - Campeonato Brasileiro
Palmeiras 2x0 Goiás/GO
1º Gol: Francis

O Palmeiras fez a estreia da histórica camisa III verde limão. O acolhimento por parte da torcida palmeirense foi tamanho que inúmeras versões dessa tonalidade de verde surgiram no decorrer dos anos seguintes.

Estreia Camisa   *Ícone Simbólico*

A história das camisas da S. E. PALMEIRAS — TEMPORADAS 2006 a 2008

CAMISAS 2008

Estreia da Camisa I
17/01/2008 - Campeonato Paulista
Palmeiras 3x1 Sertãozinho/SP
1º Gol: Alex Mineiro

Camisa II
Não jogou oficialmente com este modelo

Fiat: A estreia da camisa I no Campeonato Paulista de 2008 estampava a logomarca da montadora italiana de automóveis Fiat.

Troca de logo da Suvinil
06/02/2008 - Campeonato Paulista
Palmeiras 0x3 Guaratinguetá/SP

Patrocínio Mangas
20/01/2008 - Campeonato Paulista
Santos/SP 0x0 Palmeiras

Suvinil: Na segunda partida desse mesmo campeonato a camisa do Palmeiras acumulou a marca da fabricante de tintas Suvinil estampada nos ombros. A utilização da logomarca foi curta: apenas quatro jogos. O layout trazia as letras da empresa na cor preta, sendo providenciada a sua alteração para branca na sequência do ano.

Suvinil: O Layout da marca da Suvinil, com a alteração de cor, estreia nos ombros em 6 de fevereiro. Decorridos 12 anos da última conquista em 1996, o Verdão venceria o Paulistão de 2008. A Ponte Preta/SP foi a adversária da final.

Camisa II
Não jogou oficialmente com este modelo

Case Fiat Group
01/06/2008 - Campeonato Brasileiro
Palmeiras 1x0 Atlético/PR
Gol: Alex Mineiro

A logomarca Fiat dá lugar à CASE Fiat Group nas costas da camisa.

Campeão Paulista 2008

Estreia Camisa — Ícone Simbólico

A história das camisas da S. E. PALMEIRAS — TEMPORADAS 2006 a 2008

Patrocínio Tampão
11/05/2008 - Campeonato Brasileiro
Coritiba/PR 2x0 Palmeiras

No Campeonato Brasileiro de 2008 a Fiat foi substituída na frente da camisa pela CASE Fiat Group, um grupo italiano que a empresa faz parte. Temporariamente a marca foi aplicada sobre um tampão branco.

Aplicação Case Fiat Group
25/05/2008 - Campeonato Brasileiro
Portuguesa/SP 1x1 Palmeiras
Gol: David Braz

A logomarca da CASE Fiat Group foi aplicada na camisa sem a tarja branca em um confronto contra a Portuguesa de Desportos/SP.

Estreia da Camisa I
10/07/2008 - Campeonato Brasileiro
Palmeiras 1x1 Figueirense/SC
Gol: Alex Mineiro

Estreia da Camisa I - Manga curta
13/07/2008 - Campeonato Brasileiro
São Paulo 2x1 Palmeiras
Gol: Jeci

Em partida válida pelo Campeonato Brasileiro, em julho, o modelo retomou um tom de verde mais escuro e linhas brancas específicas. Causou surpresa a ausência do lançamento da camisa branca nessa coleção, sendo que o Palmeiras utilizou apenas a camisa verde e a verde limão.

Estreia Camisa   Ícone Simbólico

2009--2010

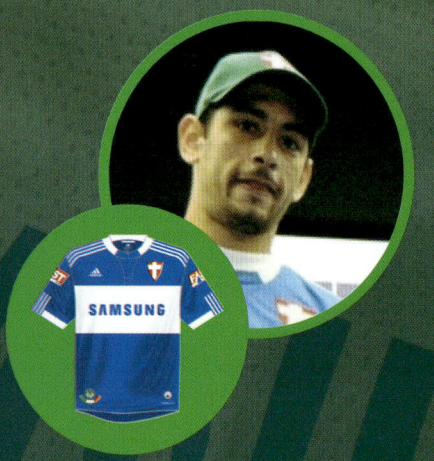

DIEGO SOUZA

Outro expoente vestindo a camisa do Palmeiras na conquista do Campeonato Paulista em 2008, o atacante Diego Sousa, treinado por Vanderlei Luxemburgo, foi o autor de um gol merecedor de placa contra o Atlético Mineiro, pelo Brasileiro de 2009. Considerado um dos mais bonitos da história do futebol e possivelmente o mais bonito do antigo Palestra Italia, arrematando de primeira e do meio de campo, encobrindo o goleiro adversário.

CLEITON XAVIER

O meia foi protagonista de um dos momentos marcantes na história do clube. O chute mágico e o gol decretando a vitória, faltando poucos minutos para o término do confronto contra o Colo-Colo, no Chile, foi muito comemorado por nossa torcida. Uma vitória que garantiu a classificação para as oitavas de final da Libertadores de 2009. Foi daquelas sensações comparadas a um título.

A história das camisas da **S. E. PALMEIRAS** NÚMEROS E FONTES

FORNECEDOR: adidas **ANO: 2008 a 2010**

0123456789
ABCDEFGHIJKLMNOPQRSTUVWXYZ

0123456789 0123456789
ABCÇDEFGHIJKLMNOPQRSTUVWXYZ.-

2009—2010

Este período marca o surgimento do patrocínio máster da empresa de eletrônicos Samsung, substituindo a Fiat. Fez tabela com o grupo de lojas FAST SHOP, que ocupou o lugar da Suvinil nas mangas da camisa. A grande novidade no início da temporada de 2009 foi o lançamento da camisa III na cor azul, com o escudo da Cruz de Savóia no peito, símbolo da Casa Real Italiana, usada pelo saudoso Palestra Italia em seus primórdios. Este modelo evocou a história do exército de jovens guerreiros. Tentativa de resgatar a tradição do antigo Palestra, que tinha o azul da "Casa Azzurra" e o símbolo da "Casa de Savóia".

CAMISA 2009

Estreia: 07 de Junho 2009
Partida: Palmeiras 2x1 Vitória/BA
Campeonato: Brasileiro
1º Gol: Ortigoza

CAMISA 2010

Estreia: 30 de Outubro 2010
Partida: Palmeiras 3x2 Goiás/GO
Campeonato: Brasileiro
1º Gol: Tinga

A história das camisas da S. E. PALMEIRAS — TEMPORADAS 2009 a 2010

CAMISAS 2009

Novo Patrocinador
21/01/2009 - Campeonato Paulista
Santo André/SP 0x1 Palmeiras
Gol: Cleiton Xavier

CAMPEÃO PAULISTA 2008

Samsung: A Samsung estreava sua logomarca na estreia do Campeonato Paulista de 2009. Realce para a inserção do logo da Federação Paulista de Futebol, honraria pela conquista do título do Paulistão no ano anterior.

Patch 50 anos
29/01/2009 - Taça Libertadores
Palmeiras 5x1 Real Potosí/BOL
1º Gol: Keirrison

A Conmebol disponibilizou o patch comemorativo dos 50 anos da Taça Libertadores da América e foi ostentado por todas as equipes que participaram daquela edição.

Estreia Camisa — Ícone Simbólico

A história das camisas da S. E. PALMEIRAS — TEMPORADAS 2009 a 2010

O Derby de número 330 mereceu um patch comemorativo. Em comum acordo, as equipes decidiram que, a partir daquela data, a disputa entre eles valeria o Troféu Oswaldo Brandão, técnico multicampeão que brilhou nos dois clubes. (*)

(*) Foram utilizados nos patchs do Derby números que não levavam em conta os confrontos do torneio início. A pesquisa do Palmeiras sempre os considerou como jogos válidos.

Patch Dérbi (*)
08/03/2009 - Campeonato Paulista
Palmeiras 1x1 Corinthians/SP
Gol: Diego Souza

54M5UN6
21/03/2009 - Campeonato Paulista
Guaratinguetá/SP 1x1 Palmeiras
Gol: Diego Souza

O logotipo da Samsung foi escrito no "alfabeto leet", que substituí as letras por outros caracteres.

Samsung Scrapy
28/03/2009 - Campeonato Paulista
São Paulo/SP 1x0 Palmeiras

A palavra "Scrapy" foi aplicada abaixo da logomarca da Samsung. Essa camisa só foi usada na segunda etapa da partida.

Estreia da Camisa I
07/06/2009 - Campeonato Brasileiro
Palmeiras 2x1 Vitória/BA
1º Gol: Ortigoza

No Campeonato Brasileiro deste ano estreou o novo modelo I com gola polo e alguns detalhes em branco. Também houve a mudança de patrocínio nas mangas, entrando o grupo de lojas Fast Shop no lugar da Suvinil.

Estreia Camisa — Ícone Simbólico

A história das camisas da S. E. PALMEIRAS — TEMPORADAS 2009 a 2010

Estreia da Camisa II
20/06/2009 - Campeonato Brasileiro
Atlético/PR 2x2 Palmeiras
1º Gol: Obina

Para a sequência do Campeonato Brasileiro, o Palmeiras teve a volta da camisa II na cor branca, com gola careca e detalhes em verde e vermelho. Homenagem para a bandeira italiana.

Patch Dérbi 331 (∗)
26/07/2009 - Campeonato Brasileiro
Corinthians/SP 0x3 Palmeiras
1º Gol: Obina

No Derby de número 331, o Verdão entrou novamente com o patch da partida. Destaque para o atacante Obina, que marcou os três gols na vitória do Verdão. (∗)

(∗) Foram utilizados nos patchs do Derby números que não levavam em conta os confrontos do torneio início. A pesquisa do Palmeiras sempre os considerou como jogos válidos.

Estreia da Camisa III
22/08/2009 - Campeonato Brasileiro
Palmeiras 2x1 Internacional/RS
1º Gol: Obina

O modelo azul evocou para aquele tempo a história do exército de jovens guerreiros que defenderiam as cores da Casa Azzurra. Depois de quase um século, os gladiadores seriam os atuais jogadores do Verdão, defendendo as honras e glórias do clube.

Estreia Camisa   Ícone Simbólico

A história das camisas da S. E. PALMEIRAS | TEMPORADAS 2009 a 2010

CAMISAS 2010

Sócio Torcedor
02/06/2010 - Campeonato Brasileiro
Palmeiras 0x1 Flamengo/RJ

O programa de sócio torcedor Avanti estampou sua primeira versão de logomarca na camisa do Palmeiras no Campeonato Brasileiro de 2010, recebendo depois alterações de layout.

Despedida do Estádio Palestra Italia
09/07/2010 - Amistoso Internacional
Palmeiras 0x2 Boca Juniors/ARG

Foi a camisa usada na despedida do estádio Palestra Italia, que seria demolido para a construção da nova arena. Outro ponto importante foi a volta da FIAT como patrocinadora máster do clube. Em especial a aplicação do patrocínio da Parmalat nas mangas.

Patrocínio Barra Costas
15/07/2010 - Campeonato Brasileiro
Palmeiras 2x1 Santos/SP
1º Gol: Ewerthon

Seguros Unimed: A operadora de planos de saúde Unimed passou a estampar a sua marca nas costas da camisa do Verdão.

A história das camisas da S. E. PALMEIRAS — TEMPORADAS 2009 a 2010

Estreia das Camisas I e II
22/07/2010 - Campeonato Brasileiro
Palmeiras 2x2 Botafogo/RJ

Kleber 30

O modelo de 2010 homenageou a conquista histórica das "Cinco Coroas", entre 1950 e 1951.

1º Gol: Marcos Assunção

Gabriel 34

Essa partida teve a estreia da camisa II verde limão, que foi utilizada apenas no segundo tempo.

Patch Dérbi 332
01/08/2010 - Campeonato Brasileiro
Palmeiras 1x1 Corinthians/SP
Gol: Edinho

Mazinho 17

Repetiu-se a utilização do patch comemorativo no Derby de número 332 nessa partida e teve o patrocínio pontual da escola de idiomas Wizard nas mangas da camisa. (*)

(*) Foram utilizados nos patchs do Derby números que não levavam em conta os confrontos do torneio início. A pesquisa do Palmeiras sempre os considerou como jogos válidos.

Patrocínio Pontual
19/09/2010 - Campeonato Brasileiro
Palmeiras 0x2 São Paulo/SP

M. Assunção 19

Tenys Pé Baruel: A empresa de higiene Baruel estampou a sua marca nas mangas da camisa do Verdão em quatro partidas de 2010, passando por São Paulo/SP, Santos/SP, Universitário de Sucre e Atlético/MG.

Estreia Camisa Ícone Simbólico

A história das camisas da S. E. PALMEIRAS — TEMPORADAS 2009 a 2010

Patrocínio nos Números
20/10/2010 - Copa Sul-Americana
Palmeiras 3x1 Universitário Sucre/BOL
1º Gol: Kléber Gladiador

TIM: Os números nas camisas passaram a ter o logotipo da empresa de telefonia TIM.

Patch Dérbi 333 (*)
24/10/2010 - Campeonato Brasileiro
Corinthians/SP 1x0 Palmeiras

(*) Foram utilizados nos patchs do Derby números que não levavam em conta os confrontos do torneio início. A pesquisa do Palmeiras sempre os considerou como jogos válidos.

Estreia da Camisa III
30/10/2010 - Campeonato Brasileiro
Palmeiras 3x2 Goiás/GO
1º Gol: Tinga

A estreia da camisa III em 2010 foi inspirada no uniforme da equipe de rugby. Um esporte de garra, luta e força. O rugby possui grande relação com o futebol. O modelo vem com listras horizontais em dois tons de verde e gola branca.

Fiat Bravo
05/12/2010 - Campeonato Brasileiro
Cruzeiro/MG 2x1 Palmeiras
Gol: Rivaldo

O Palmeiras entrou em campo uma única vez em 2010 com a camisa II branca, lançada no ano anterior e com o logotipo da Fiat Bravo.

Estreia Camisa   Ícone Simbólico

2011

GABRIEL SILVA

Gabriel, jogador da base alviverde, se destacou em 2009. Disputou a Copa São Paulo de Juniores no início do ano e a boa performance rendeu ao lateral uma vaga no Palmeiras B. Destacou-se na disputa do Campeonato Paulista sub-20 no final daquele ano. O lateral-esquerdo atingiu o ápice em 2011, quando foi titular e campeão pela Seleção Brasileira Sub-20 na Copa do Mundo, disputada na Colômbia.

HENRIQUE

O zagueiro que havia conquistado o Paulista de 2008 retornou após três anos jogando fora do Brasil. Ele conquistou o bicampeonato da Copa do Brasil em 2012, diante do Coritiba, sob o comando do técnico Felipão.

A história das camisas da **S. E. PALMEIRAS** NÚMEROS E FONTES

FORNECEDOR: **adidas**   ANO: **2009 a 2011**

0 1 2 3 4 5 6 7 8 9

0 1 2 3 4 5 6 7 8 9

0 1 2 3 4 5 6 7 8 9

ABCÇDEFGHIJKLM
NOPQRSTUVWXYZ.-

0 1 2 3 4 5 6 7 8 9

114

2011

O início da década traz um novo modelo de patrocínios, agregando a exploração de outras propriedades por parte do clube em seus uniformes. A camisa exibiu patrocinadores nas mangas e barras, além do habitual espaço máster na parte central. Despontaram naquela época marcas como o banco BMG e Skill.

CAMISA I

Estreia: 04 de Junho 2011
Partida: Palmeiras 1x0 Atlético/PR
Campeonato: Brasileiro
1º Gol: Chico

CAMISA II

Estreia: 12 de Junho 2011
Partida: Internacional/RS 2x2 Palmeiras
Campeonato: Brasileiro
1º Gol: Luan

CAMISA III

Estreia: 25 de Agosto 2011
Partida: Palmeiras 3x1 Vasco/RJ
Campeonato: Copa Sul-Americana
1º Gol: Luan

A história das camisas da S. E. PALMEIRAS — TEMPORADA 2011

(*) Foram utilizados nos patchs do Derby números que não levavam em conta os confrontos do torneio inicio. A pesquisa do Palmeiras sempre os considerou como jogos válidos.

Patch Dérbi 334 (*)
06/02/2011 - Campeonato Paulista
Palmeiras 0x1 Corinthians/SP

Tênis Pé Baruel na barra da camisa
27/02/2011 - Campeonato Paulista
São Paulo/SP 1x1 Palmeiras
Gol: Adriano

Tradicionalmente, o modelo trouxe o patch comemorativo para o Derby de número 334. Pontualmente nesse confronto estampou o patrocínio nas mangas da empresa de alimentos Seara, sendo que a escola de idiomas Microlins foi exibida na barra.

Fisk na barra da camisa
02/03/2011 - Copa do Brasil
Palmeiras 5x1 Comercial/PI
1º Gol: Adriano

Fisk Mangas / Recoma barra
03/04/2011 - Campeonato Paulista
Santos/SP 0x1 Palmeiras
Gol: Kléber Gladiador

★★★★★★★★
60 67 67 69 72 73 93 94
OCTO CAMPEÃO BRASILEIRO

A CBF reconheceu oficialmente a conquista de todos os títulos nacionais no período de 1959-1970. Para o clássico Palmeiras e Santos/SP, as equipes exibiram em suas camisas um patch simbólico. O Verdão se tornava assim Octocampeão. Além do Palmeiras e do Santos/SP, outros clubes também foram campeões neste período: Bahia/BA; Cruzeiro/MG e Botafogo/RJ (Taça Brasil) e o Fluminense/RJ (Torneio Roberto Gomes Pedrosa).

Estreia Camisa   Ícone Simbólico

A história das camisas da S. E. PALMEIRAS — TEMPORADA 2011

Patch Dérbi 335 (∗)
01/05/2011 - Campeonato Paulista
Palmeiras 1x1 Corinthians/SP
Gol: Leandro Amaro

O patch comemorativo do Derby de número 335 veio acompanhado do selo "Jogando pelo meio ambiente". A escola de idiomas Skill passou a estampar sua marca em definitivo na barra da camisa. (∗)

(∗) Foram utilizados nos patchs do Derby números que não levavam em conta os confrontos do torneio início. A pesquisa do Palmeiras sempre os considerou como jogos válidos.

Gladiador
22/05/2011 - Campeonato Brasileiro
Palmeiras 1x0 Botafogo/RJ
Gol: Kléber Gladiador

Gladiador 100 JOGOS — Em rodada válida pelo Brasileiro, o atacante Kléber jogou com uma camisa personalizada, comemorativa ao número de partidas pelo clube, com a inscrição do nome "Gladiador 100 jogos". Detalhada em dourado tanto na manga quanto na barra. Para coroar esse momento o atacante fez o gol da vitória do Verdão.

Bombril: A equipe feminina do Verdão naquele ano fez uma parceria de patrocínio com a Bombril, empresa da área de higiene e limpeza.

Estreia Camisa Ícone Simbólico

A história das camisas da S. E. PALMEIRAS — TEMPORADA 2011

Estreia da Camisa I
04/06/2011 - Campeonato Brasileiro
Palmeiras 1x0 Atlético/PR
Gol: Chico

Os festejos dos 60 anos da conquista do Mundial Interclubes de 1951 inspiraram esse modelo, que estreou a camisa I com escudo semelhante ao usado na época. Também teve o selo na barra direita, com a inscrição: "Sabe engrandecer a Pátria". Marcou também o aparecimento do patrocínio do banco BMG nas mangas.

Estreia da Camisa II
12/06/2011 - Campeonato Brasileiro
Internacional/RS 2x2 Palmeiras
1º Gol: Luan

Nessa partida de estreia da camisa II, o modelo apresentou um escudo centralizado na altura do peito, faixas em verde e vermelho e com o escrito Palmeiras. A Case estampou o patrocínio máster do peito.

Estreia da Camisa III
25/08/2011 - Copa Sul-Americana
Palmeiras 3x1 Vasco/RJ
1º Gol: Luan

O modelo retrô, em homenagem ao manto usado na conquista do título do Campeonato Paulista de 1993, diante do Corinthians/SP, dando fim a uma fila de títulos que já durava 16 anos.

Patch Dérbi 336 (*)
28/08/2011 - Campeonato Brasileiro
Palmeiras 2x1 Corinthians/SP
1º Gol: Luan

Repetiu-se a utilização dos patchs de Derby 336 e o selo "Jogando pelo meio ambiente". (*)

(*) Foram utilizados nos patchs do Derby números que não levavam em conta os confrontos do torneio início. A pesquisa do Palmeiras sempre os considerou como jogos válidos.

Estreia Camisa — Ícone Simbólico

A história das camisas da S. E. PALMEIRAS | TEMPORADA 2011

#decadadeglorias
04/09/2011 - Campeonato Brasileiro
Palmeiras 1x1 Cruzeiro/MG
Gol: Luan

O Palmeiras jogou com a inscrição "#decadadeglorias" abaixo dos números.

Patrocínio Novo Palio
06/11/2011 - Campeonato Brasileiro
Palmeiras 0x2 Coritiba/PR

Doação de Sangue
27/11/2011 - Campeonato Brasileiro
Palmeiras 1x0 São Paulo/SP
Gol: Marcos Assunção

A camisa do Verdão usou a estratégia de impulsionar um dos seus produtos oficiais, o "Palmeiras Camp", estampando-o nos ombros da camisa. Também divulgou a campanha de doação de sangue "Time Sanguíneo Pró-Sangue". Nessa partida do Campeonato Brasileiro, cada atleta entrou em campo ostentando seu tipo sanguíneo ao lado do número, nas costas da camisa.

Patch Dérbi 337 (*)
04/12/2011 - Campeonato Brasileiro
Corinthians/SP 0x0 Palmeiras

Novo confronto contra o arquirrival, o de número 337, e os patchs do Derby e o selo "Jogando pelo meio ambiente" novamente foram utilizados. A camisa trouxe o patrocínio pontual nos ombros do laboratório Cimed Genéricos. (*)

(*) Foram utilizados nos patchs do Derby números que não levavam em conta os confrontos do torneio início. A pesquisa do Palmeiras sempre os considerou como jogos válidos.

Estreia Camisa   Ícone Simbólico

2012

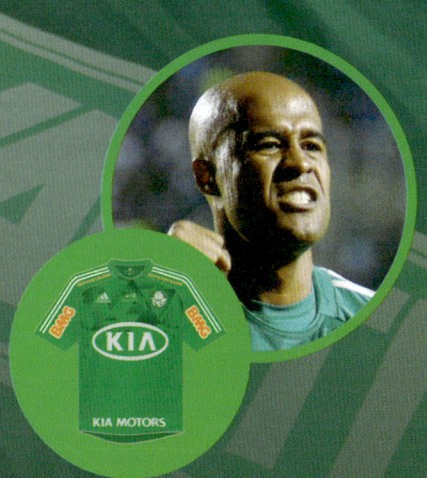

MARCOS ASSUNÇÃO

Natural de Caieiras, cidade da região metropolitana de São Paulo, Marcos Assunção foi o capitão e grande jogador do Alviverde na conquista do bicampeonato da Copa do Brasil em 2012. A liderança e maestria nas cobranças de faltas foram essenciais para o título, principalmente nas finais.

BARCOS

O centroavante foi fundamental na vitoriosa campanha na conquista da Copa do Brasil. Com gols importantes, Barcos contribuiu com o Palmeiras para chegar às finais da competição. Nas partidas decisivas, no entanto, o jogador ficou ausente por causa de cirurgia. A equipe acabou conquistando o título da competição.

A história das camisas da S. E. PALMEIRAS NÚMEROS E FONTES

FORNECEDOR: adidas **ANO:** 2012 a 2013

0 1 2 3 4 5 6 7 8 9

ABCDEFGHIJKLMNOPQRSTUVXYZW

2012

Nesse ano não aconteceram tantas novidades nas camisas. Exceto a substituição do patrocinador máster do Palmeiras, com o advento da empresa automobilística KIA no lugar da Fiat.

CAMISA I

Estreia: 19 de Maio 2012
Partida: Palmeiras 1x1 Portuguesa/SP
Campeonato: Brasileiro
1º Gol: Luan

CAMISA II

Estreia: 27 de Maio 2012
Partida: Grêmio/RS 1x0 Palmeiras
Campeonato: Brasileiro
1º Gol: -

CAMISA III

Estreia: 25 de Agosto 2012
Partida: Palmeiras 1x2 Santos/SP
Campeonato: Brasileiro
1º Gol: Correa

A história das camisas da S. E. PALMEIRAS — TEMPORADA 2012

Homenagem ao Marcos
14/01/2012 - Amistoso Internacional
Palmeiras 1x0 Ajax/HOL
Gol: Pedro Carmona

(Camisa personalizada: SÃO MARCOS 11 / Camisa oficial: MARCOS 21)

Na preparação para a temporada de 2012, o Palmeiras participou de um amistoso internacional contra o Ajax, da Holanda, e os jogadores homenagearam o goleiro Marcos pelos 500 jogos. Eles entraram com uma camisa personalizada em referência ao número e também lembrando a defesa do pênalti contra o Corinthians/SP, na Libertadores de 2000. Durante o jogo, porém, usaram a camisa oficial do clube. O nome de Marcos estava em todos os uniformes.

Sem Patrocínio Máster
22/01/2012 - Campeonato Paulista
Bragantino/SP 1x2 Palmeiras
1º Gol: Leandro Amaro

(LUAN 11)

Ainda no início do ano houve a saída da Fiat como patrocinadora máster. O Verdão entrou em campo com aquele espaço vazio. Nos ombros, no entanto, foi estampada pontualmente a marca da AACD, Associação de Assistência à Criança Deficiente.

Novo Patrocinador Máster
05/02/2012 - Campeonato Paulista
Santos/SP 1x2 Palmeiras
1º Gol: Fernandão

(FELIPE 31)

Kia: O espaço vazio no peito da camisa foi ocupado pela empresa automobilística KIA, passando a ser a patrocinadora máster do Palmeiras.

Campanha Wesley
26/02/2012 - Campeonato Paulista
Palmeiras 3x3 São Paulo/SP
1º Gol: Daniel Carvalho

(MAZINHO 17 / WESLEY 87)

GOL Nº 11.000
Data: 26/02/2012
Palmeiras 3x3 São Paulo/SP
(Campeonato Paulista)
Autor: Daniel Carvalho

Em nova ação de marketing, o Palmeiras iniciou a campanha para arrecadar doações visando a contratação do volante Wesley, estampando nos ombros da camisa a nomenclatura: www.wesleynoverdao.com.br.

Estreia Camisa | Ícone Simbólico

A história das camisas da S. E. PALMEIRAS TEMPORADA 2012

Patch Dérbi 338
25/03/2012 - Campeonato Paulista
Corinthians/SP 2x1 Palmeiras
Gol: Marcos Assunção

O patch comemorativo alusivo ao Derby entrou em campo pela última vez nesse jogo, quando completou 338 partidas. Fortuitamente a empresa de alimentos Arcor patrocinou os ombros da camisa, que também homenageou o ilustre palmeirense Chico Anysio, falecido dois dias antes. Na oportunidade, os jogadores entraram em campo com alguns dos inúmeros nomes de personagens criados pelo humorista nas costas das camisas. (*)

(*) Foram utilizados nos patchs do Derby números que não levavam em conta os confrontos do torneio início. A pesquisa do Palmeiras sempre os considerou como jogos válidos.

Estreia da Camisa I
19/05/2012 - Campeonato Brasileiro
Palmeiras 1x1 Portuguesa/SP
Gol: Luan

O modelo revelou um tom de verde mais claro permeado de detalhes prateados nas mangas. Mas foi a inovadora estampa "geométrica" no peito que trouxe maior admiração.

Estreia da Camisa II
27/05/2012 - Campeonato Brasileiro
Grêmio/RS 1x0 Palmeiras

Estreia Camisa   Ícone Simbólico

A história das camisas da S. E. PALMEIRAS — TEMPORADA 2012

Patrocinador Pontual
21/06/2012 - Copa do Brasil
Palmeiras 1x1 Grêmio/RS
Gol: Valdivia

Nesta partida válida pela semifinal da Copa do Brasil, a empresa de personalização e customização Max In Time estampou a sua marca nos ombros da camisa.

1ª Final da Copa do Brasil
05/07/2012 - Copa do Brasil
Palmeiras 2x0 Coritiba/PR
1º Gol: Valdivia

Na primeira final da Copa do Brasil, a KIA, patrocinadora máster do clube, aumentou sua participação com presença também nos ombros, com um de seus modelos de automóvel, a Sportage. Vale ressaltar a impressão dos dados das duas partidas finais no centro da camisa.

Camisa do Título
11/07/2012 - Copa do Brasil
Coritiba/PR 1x1 Palmeiras
Gol: Betinho

Trajando esse modelo de camisa o Verdão conquistou o bicampeonato da Copa do Brasil. Na grande final teve estampados na camisa o patrocínio da Kia (nos ombros) e os dados da partida no centro.

Patch Campeão
15/07/2012 - Campeonato Brasileiro
Palmeiras 1x1 São Paulo/SP
Gol: Mazinho

Antes de findar o mês de julho, o Palmeiras passou a usar o patch da CBF comemorando a conquista do título da Copa do Brasil, dias antes, contra o Coritiba/PR.

Campeão da Copa do Brasil 2012

1 Campeão Copa do Brasil 2012

A história das camisas da S. E. PALMEIRAS — TEMPORADA 2012

Estreia da Camisa III
25/08/2012 - Campeonato Brasileiro
Palmeiras 1x2 Santos/SP
Gol: Corrêa

Esse modelo apresentou alguns tons de verde e detalhes em dourado, prevalecendo somente o verde escuro nas costas.

Estreia da Camisa III
04/11/2012 - Campeonato Brasileiro
Palmeiras 2x2 Botafogo/RJ
1º Gol: Barcos

ACADEMIA store — A LOJA OFICIAL DO PALMEIRAS

Nova ação de marketing na camisa com a escolha da loja oficial do clube, Academia Store, para estampar os ombros dos três modelos até fim daquele ano. O intuito da ação seria promover a inauguração oficial do estabelecimento, que ocorreria dias depois.

Estreia Camisa *Ícone Simbólico*

2013

MARCELO OLIVEIRA

O volante foi contratado por empréstimo em fevereiro de 2013, em uma troca com o atacante Luan. Ele jogou no meio de campo e na zaga. Conquistou com o técnico Gilson Kleina o título da Série-B do Campeonato Brasileiro.

LEANDRO

O atacante transferiu-se para o Palmeiras no início de 2013 e marcou seu primeiro gol com a camisa verde na vitória por 1 a 0 contra o União Barbarense. Terminou a temporada como artilheiro do time, com 19 gols. O vice-artilheiro do clube na Série B de 2013, atrás apenas de Alan Kardec.

A história das camisas da **S. E. PALMEIRAS** NÚMEROS E FONTES

FORNECEDOR: adidas   ANO: **2012 a 2013**

0 1 2 3 4 5 6 7 8 9

ABCDEFGHIJKLMNOPQRSTUVXYZW

2013

Encerrado o contrato com a empresa automobilística Kia, o clube amargou novo período sem patrocínios na camisa. A alternativa encontrada para suprir a ausência foi valorizar os produtos do clube, como o programa Avanti, o Allianz Parque e outros.

CAMISA I

Estreia: 25 de Maio 2013
Partida: Palmeiras 1x0 Atlético/GO
Campeonato: Brasileiro
1º Gol: Tiago Real

CAMISA II

Estreia: 11 de Junho 2013
Partida: América/RN 0x2 Palmeiras
Campeonato: Brasileiro
1º Gol: Vinícius

CAMISA III

Estreia: 26 de Outubro 2013
Partida: Palmeiras 0x0 São Caetano/SP
Campeonato: Brasileiro
1º Gol: -

A história das camisas da S. E. PALMEIRAS | TEMPORADA 2013

Patch Libertadores
14/02/2013 - Taça Libertadores
Palmeiras 2x1 Sporting Cristal/PER
1º Gol: Henrique

Para a estreia da Libertadores em 2013 foi aplicado o patch da competição na manga direita da camisa, determinação da Conmebol a todos os participantes do torneio.

Estreia da Camisa I
25/05/2013 - Campeonato Brasileiro
Palmeiras 1x0 Atlético/GO
Gol: Tiago Real

O modelo homenageou os 40 anos da conquista do sexto título nacional do clube, conquistado em 1973. A camisa veio sem o patrocínio máster. O clube utilizou os espaços para divulgar o programa de sócio torcedor Avanti, produto do seu portfólio. Também inseriu o patch de campeão da Copa do Brasil 2012.

Allianz Parque
11/06/2013 - Campeonato Brasileiro
América/RN 0x2 Palmeiras
1º Gol: Vinicius

Estreia da Camisa II
01/06/2013 - Campeonato Brasileiro
Palmeiras 0x1 América/MG

Allianz Parque: O espaço máster da camisa foi preenchido pela empresa que assegurou o "naming rights" da nova arena do Palmeiras, a Allianz Seguros. E o Avanti foi estampado nos ombros.

Estreia Camisa   Ícone Simbólico

A história das camisas da S. E. PALMEIRAS — TEMPORADA 2013

Forza Djalma Santos
06/07/2013 - Campeonato Brasileiro
Palmeiras 4x0 Oeste/SP
1º Gol: Leandro

As camisas estamparam a mensagem: "Forza, Djalma Santos". Uma homenagem ao craque Djalma Santos – o jogador estava internado em Uberaba por conta de uma pneumonia.

Santa Casa de São Paulo
12/07/2013 - Campeonato Brasileiro
Palmeiras 4x1 ABC/RN
1º Gol: Wesley

Obrigado Djalma
27/07/2013 - Campeonato Brasileiro
Guaratinguetá/SP 1x1 Palmeiras
Gol: Leandro

Uma homenagem especial a Djalma Santos com a inscrição "Obrigado, Djalma".

Camisa Comemorativa 90 anos
28/08/2013 - Copa do Brasil
Atlético/PR 3x0 Palmeiras

São Marcos
02/08/2013 - Campeonato Brasileiro
Palmeiras 2x1 Bragantino/SP
1º Gol: Alan Kardec

A inscrição #S40Marcos na camisa abaixo do número. Homenagem ao ex-goleiro do Verdão.

O novo uniforme segue o padrão da camisa branca, com o patch dourado do lado direito e com o detalhe "PI". Além da frase "quando surge o alviverde imponente" e o número 99. Abaixo do patch, a data do aniversário vem estampada em letras douradas: 26 de agosto de 2013.

Estreia Camisa   Ícone Simbólico

A história das camisas da S. E. PALMEIRAS — TEMPORADA 2013

#otempocorrecontra na barra
19/10/2013 - Campeonato Brasileiro
Bragantino/SP 0x2 Palmeiras
1º Gol: Alan Kardec

Estreia da Camisa III
26/10/2013 - Campeonato Brasileiro
Palmeiras 0x0 São Caetano/SP

O modelo foi inspirado naquele utilizado quando o clube representou a Seleção Brasileira, em 1965. O elenco inteiro foi convocado pela extinta CBD.

Projeto Mulher na barra
09/11/2013 - Campeonato Brasileiro
Palmeiras 3x0 Joinville/SC
1º Gol: Leandro

Academia Store nos ombros
16/11/2013 - Campeonato Brasileiro
Palmeiras 3x0 Boa Esporte/MG
1º Gol: Felipe Menezes

Campeão Brasileiro Série B 2013

132

Estreia Camisa   Ícone Simbólico

A história das camisas da S. E. PALMEIRAS — TEMPORADA 2013

- 40 M. GABRIEL
- 16 FERNANDINHO
- 8 MENDIETA
- 10 JORGITO VALDIVIA
- 99
- 30 RONDINELLY

Estreia Camisa   Ícone Simbólico

2014

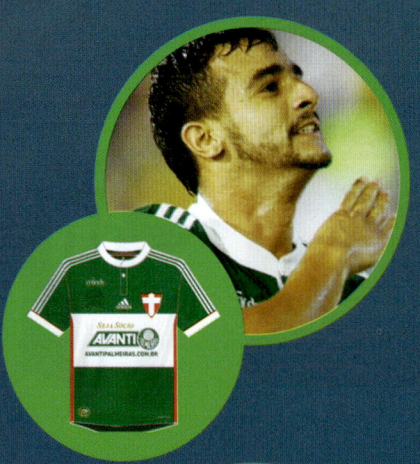

HENRIQUE

O início do atacante foi avassalador na temporada, marcando quatro gols nos primeiros quatro jogos. O apelido de "Ceifador" surgiu quando Henrique comemorou um gol de forma irreverente, fazendo menção a uma guilhotina no pescoço, movendo a mão como se fosse uma foice. Anotou o gol salvador no empate por 1 a 1 contra o Atlético Paranaense. Ele bateu um pênalti com muita categoria e garantiu a permanência do Verdão na Série A do Brasileiro de 2014.

CRISTALDO

Cristaldo foi apresentado como o novo camisa 9 da Sociedade Esportiva Palmeiras. Durante sua primeira temporada, o argentino se transformou em um dos principais jogadores do clube e numa espécie de xodó da torcida, pelo jeito irreverente e por participar de momentos importantes da equipe. Em 2015, sagrou-se campeão da Copa do Brasil, dando o tricampeonato ao Verdão.

A história das camisas da S. E. PALMEIRAS NÚMEROS E FONTES

FORNECEDOR: adidas   **ANO: 2014 a 2015**

0 1 2 3 4 5 6 7 8 9

0 1 2 3 4 5 6 7 8 9

0 1 2 3 4 5 6 7 8 9

0 1 2 3 4 5 6 7 8 9

A B C D E F G H I J K L M N O P Q R S T U V W X Y Z Ç Ã

2014

■ ■ ◆ ■ ◆ ■ ■

Ano imensamente especial para o clube, o da comemoração do centenário de fundação. O Verdão aproveitou o ensejo para lançar quatro modelos de camisas. O uniforme I, verde, trazia selo especial no peito, contendo o nome do clube e menção aos 100 anos. A camisas II estampou o símbolo do Palestra Italia em homenagem ao "Esquadrão de Ferro". Honrou suas origens homenageando a seleção italiana, a Azzurra, com a camisa que vestiu na conquista do troféu Julinho Botelho.

CAMISA I

Estreia: 30 de Janeiro 2014
Partida: Palmeiras 1x0 Penapolense/SP
Campeonato: Paulista
1º Gol: Marquinhos Gabriel

CAMISA II

Estreia: 23 de Fevereiro 2014
Partida: Botafogo/SP 3x1 Palmeiras
Campeonato: Paulista
1º Gol: Valdivia

CAMISA III

Estreia: 20 de Abril 2014
Partida: Criciúma/SC 1x2 Palmeiras
Campeonato: Brasileiro
1º Gol: Leandro

■ ■ ◆ ■ ◆ ■ ■

A história das camisas da S. E. PALMEIRAS — TEMPORADA 2014

Patrocínio Minds
18/01/2014 - Campeonato Paulista
Palmeiras 2x1 Linense/SP
1º Gol: Mazinho

Este modelo abarcou outro patrocínio de escola de inglês, a Minds, que teve seu nome estampado abaixo da gola.

Estreia da Camisa I
30/01/2014 - Campeonato Paulista
Palmeiras 1x0 Penapolense/SP
Gol: Marquinhos Gabriel

Modelo especial em comemoração ao centenário do Palmeiras. Englobou um selo especial no peito contendo inscrição com o nome do clube e menção aos 100 anos. Na estreia desta camisa I, a TV Palmeiras estampou o centro da camisa no local do patrocínio máster.

Grofe na barra
05/02/2014 - Campeonato Paulista
XV de Piracicaba/SP 1x2 Palmeiras
1º Gol: Alan Kardec

Dérbi de muitos patrocínios
16/02/2014 - Campeonato Paulista
Corinthians/SP 1x1 Palmeiras
Gol: Alan Kardec

Na disputa de mais um Derby, a camisa contou com vários patrocínios pontuais: indústria automobilística Chery, empresa elétrica Schneider, Óticas Diniz e a empresa de pet shop Cobasi.

Estreia da Camisa II
23/02/2014 - Campeonato Paulista
Botafogo/SP 3x1 Palmeiras
Gol: Valdivia

Outro modelo na celebração do centenário, essa camisa II trouxe o símbolo do Palestra Italia e a marca do "Esquadrão de Ferro", terminologia usada na década de 30 quando o clube se sagrou tricampeão paulista.

Estreia Camisa *Ícone Simbólico*

A história das camisas da S. E. PALMEIRAS — TEMPORADA 2014

TV Palmeiras / 1ª no Brasil
15/03/2014 - Campeonato Paulista
Palmeiras 3x2 Ponte Preta/SP
1º Gol: Eguren

Academia Store no peito
23/03/2014 - Campeonato Paulista
Santos/SP 2x1 Palmeiras
Gol: Alan Kardec

Estreia da Camisa III
20/04/2014 - Campeonato Brasileiro
Criciúma/SC 1x2 Palmeiras
1º Gol: Leandro

Balas Fini no peito
14/05/2014 - Copa do Brasil
Palmeiras 3x0 Sampaio Correa/MA
1º Gol: Mendieta

A estreia da camisa III foi uma homenagem ao Palestra Italia, acrescida do símbolo de 100 anos e o retorno da Cruz de Savóia, um dos primeiros escudos da história do clube.

Oberdan Cattani
17/07/2014 - Campeonato Brasileiro
Santos/SP 2x0 Palmeiras

O Palmeiras homenageou Oberdan Cattani quando entrou em campo todo de azul, além da ilustração do ex-goleiro em todas as camisas. O tributo ao ídolo ocorreu dias depois do seu falecimento, ocorrido em 20 de junho. No final dos anos 30, início dos anos 40, o goleiro Gijo começou a utilizar uma camisa azul "sem escudo". Depois, em março/42, com o surgimento do Palestra de SP, o goleiro Clodô passou a usar uma camisa azul com o escudo no centro do peito.

Estreia Camisa   Ícone Simbólico

A história das camisas da S. E. PALMEIRAS — TEMPORADA 2014

Estreia da Camisa IV
30/07/2014 - Copa Euroamericana
Palmeiras 1x0 Fiorentina/ITA
Gol: Victor Luis

Dias após o tributo a Oberdan, o Palmeiras vestiu novamente esse modelo inspirado na seleção italiana, chamada de "Azzurra". Justa homenagem às origens do clube, com escudo do Palestra Italia no lado esquerdo e o selo comemorativo no lado direito. Além do lema: "Palmeiras, minha vida é você". O Verdão conquistou o troféu Julinho Botelho na ocasião ao vencer a Fiorentina, da Itália, por 1 a 0. Gol de Victor Luis. Foi usado pela primeira vez o logotipo oficial do Centenário e o patch do jogo, na manga direita.

Camisa Retrô
17/08/2014 - Campeonato Brasileiro
Palmeiras 1x2 São Paulo/SP

Em uma ação conjunta do Palmeiras com a fornecedora de material Adidas, todos os atletas entraram em campo com um modelo retrô da camisa de 1915. Mas usaram outro modelo com o logo do Centenário na partida.

Arrancada Heroica
21/09/2014 - Campeonato Brasileiro
Goiás/GO 6x0 Palmeiras

O Palmeiras entrou em campo com a reprodução da histórica foto da "Arrancada Heroica", estampada no centro da camisa. Na celebração do Centenário não poderia faltar a menção do acontecimento, que marcou em 1942 a mudança forçada de nome de Palestra Italia para Sociedade Esportiva Palmeiras.

A história das camisas da S. E. PALMEIRAS — TEMPORADA 2014

Allianz Parque
25/10/2014 - Campeonato Brasileiro
Palmeiras 1x1 Corinthians/SP
Gol: Henrique

Palmeiras exibiu novamente o patrocínio do Allianz Parque, assim como ocorreu em 2013. A empresa de consórcios Embracon marcou presença nos ombros da camisa.

Homenagem ao Pacaembu
08/11/2014 - Campeonato Brasileiro
Palmeiras 0x2 Atlético/MG

Passados quatro anos do início da construção do Allianz Parque, esse modelo fez uma homenagem especial ao Pacaembu, pela despedida do estádio municipal, que foi utilizado durante a obra.

De volta à nossa Casa
19/11/2014 - Campeonato Brasileiro
Palmeiras 0x2 Sport/PE

O Allianz Parque enfim é inaugurado em 19/11/2014. Nesta partida histórica válida pelo Campeonato Brasileiro e vital para a permanência na Série A, o Verdão fez uso de um modelo com a inscrição ao redor do escudo na camisa "O bom filho à casa torna", acompanhada dos dados do jogo.

Patrocínios pontuais
07/12/2014 - Campeonato Brasileiro
Palmeiras 1x1 Atlético/PR
Gol: Henrique

Na última partida do ano, o modelo usado teve estampados os patrocínios pontuais da Cimed Genéricos nos ombros e da Construjá nas costas.

Jogo de despedida Ademir da Guia
25/10/2014 - Amistoso entre amigos
Palmeiras - Palmeiras

Estreia Camisa   Ícone Simbólico

2015-2016

FERNANDO PRASS

Fernando Prass chegou ao Palestra Italia em 13 de dezembro de 2012 e simbolizou a reconstrução alviverde após a segunda queda no Brasileirão. Permaneceu sete temporadas e foi um legítimo sucessor de São Marcos, eternizado como o primeiro goleiro da história do Verdão a marcar um gol de título, o da disputa por pênaltis na final da Copa do Brasil, contra o Santos, em 2015.

DUDU

Dudu é o jogador do atual elenco com mais jogos. É o artilheiro do clube no século e o segundo com mais jogos, atrás apenas de Marcos, que tem 392. Está inserido no top 30 com mais partidas e gols na história do Verdão. E o top 5 de atacantes com mais duelos e triunfos pela equipe palestrina. *números até abril de 2022.

A história das camisas da S. E. PALMEIRAS NÚMEROS E FONTES

FORNECEDOR: adidas **ANO:** 2015 a 2016

ABCDEFGHIJKLMNOPQRSTUVWXYZ

2015-2016

As dificuldades de conviver sem um patrocínio máster na camisa ficaram para trás. Uma parceria histórica apareceu. As empresas Crefisa e Fam (Faculdade das Américas) estamparam a camisa do Palmeiras em 2015, sendo as únicas empresas a patrocinarem o clube no ano seguinte. Isso resgatou o espírito vencedor do clube e rendeu as conquistas da Copa do Brasil e dos Campeonatos Brasileiros de 2015 e 2016, respectivamente.

CAMISA 2015

Estreia: 14 de Junho 2015
Partida: Palmeiras 2x1 Fluminense/RJ
Campeonato: Brasileiro
1º Gol: Rafael Marques

CAMISA 2016

Estreia: 14 de Maio 2016
Partida: Palmeiras 4x0 Atlético/PR
Campeonato: Brasileiro
1º Gol: Gabriel Jesus

A história das camisas da **S. E. PALMEIRAS** TEMPORADAS 2015 a 2016

CAMISAS 2015

1º Jogo do ano
17/01/2015 - Amistoso Internacional
Palmeiras 3x1 Shandong Luneng/CHI
1º Gol: Leandro Pereira

O início de uma parceria
25/01/2015 - Amistoso Estadual
Palmeiras 3x2 Red Bull Brasil/SP
1º Gol: Allione

O Palmeiras iniciou a temporada jogando um amistoso contra o Red Bull/SP e exibiu pela primeira vez o patrocínio da Crefisa estampado no peito. O logo da Prevent Senior esteve nos ombros da camisa, além da barra que ostentou ações pontuais do programa de sócio torcedor Avanti (fato repetido nas duas partidas seguintes, visando aumentar sua base de afiliados).

O primeiro jogo da nossa história, em 24 de janeiro de 1915, contra o SC Savóia, completava 100 anos. Para homenagear o triunfo por 2 a 0, o Palmeiras estampou na camisa o patch da "Taça Savóia" no amistoso frente ao Red Bull/SP, no dia 25 de janeiro de 2015.

O início de uma parceria
08/02/2015 - Campeonato Paulista
Palmeiras 0x1 Corinthians/SP

A Faculdade das Américas – Fam- surgiu ao lado da Crefisa e da Prevent Senior como patrocinadores do clube. Pontualmente para este Derby, pelo Campeonato Paulista, a marca FISK foi estampada na manga.

144

Estreia Camisa   Ícone Simbólico

A história das camisas da S. E. PALMEIRAS | TEMPORADAS | 2015 a 2016

Estreia da Camisa I
14/06/2015 - Campeonato Brasileiro
Palmeiras 2x1 Fluminense/RJ
1º Gol: Rafael Marques

O tradicional verde esmeralda com tons mais claros no formato de losango apareceu na estreia da camisa I no Campeonato Brasileiro, além das mangas que vieram na cor branca.

Estreia Camisa   Ícone Simbólico

A história das camisas da S. E. PALMEIRAS — TEMPORADAS 2015 a 2016

#PalmeirasAPP
19/07/2015 - Campeonato Brasileiro
Palmeiras 1x0 Santos/SP
Gol: Leandro Pereira

Estreia da Camisa II
26/08/2015 - Copa do Brasil
Cruzeiro/MG 2x3 Palmeiras
1º Gol: Lucas Barrios

Estreia da Camisa III
30/08/2015 - Campeonato Brasileiro
Palmeiras 3x2 Joinville/SC
1º Gol: Gabriel Jesus

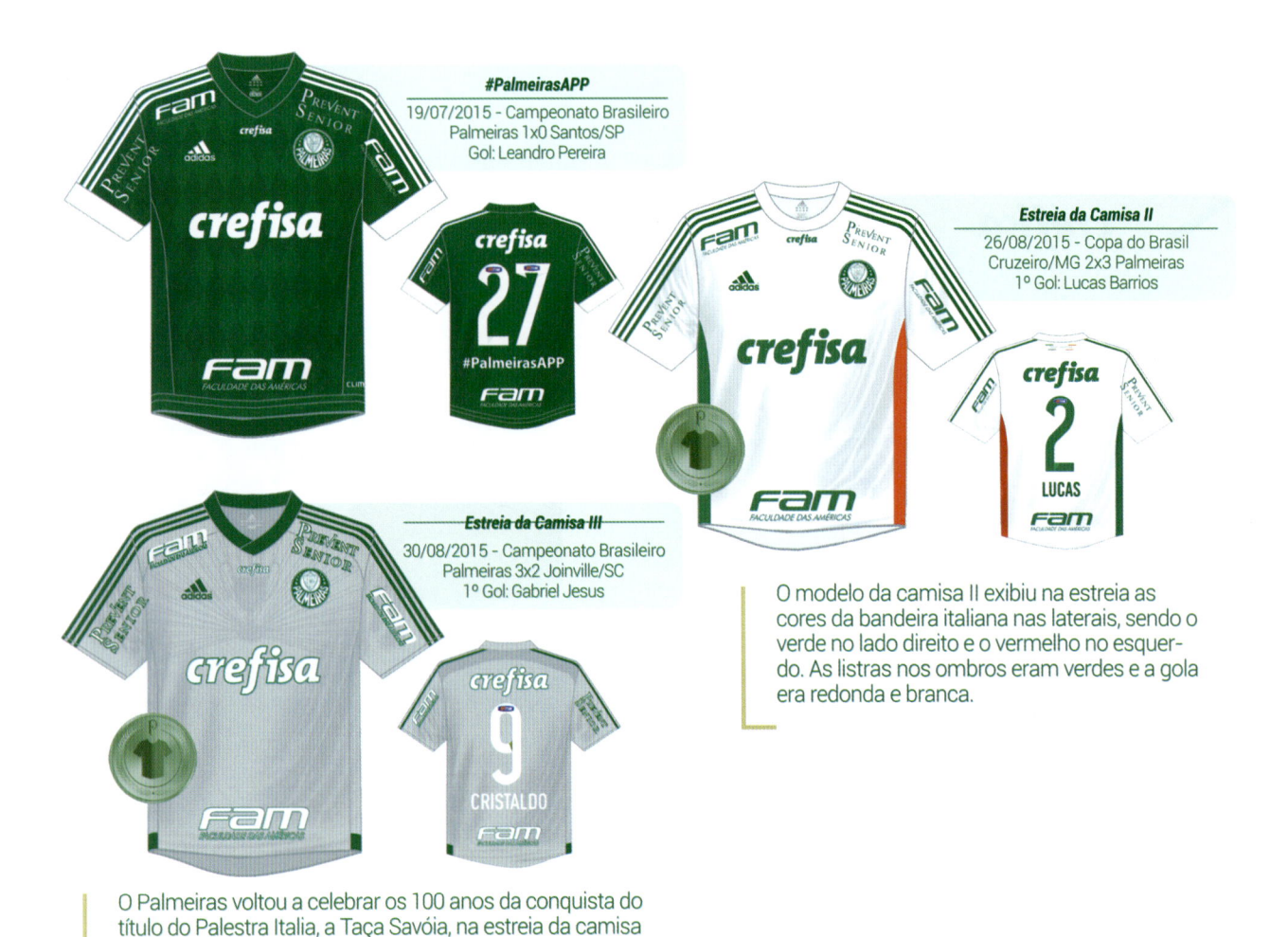

O modelo da camisa II exibiu na estreia as cores da bandeira italiana nas laterais, sendo o verde no lado direito e o vermelho no esquerdo. As listras nos ombros eram verdes e a gola era redonda e branca.

O Palmeiras voltou a celebrar os 100 anos da conquista do título do Palestra Italia, a Taça Savóia, na estreia da camisa III. Predominantemente prata, a camisa trouxe detalhes em verde na gola "V". Na região central do peito, a taça como "marca d`água".

1º Jogo da Semifinal
28/10/2015 - Copa do Brasil
Palmeiras 2x1 Fluminense/RJ
1º Gol: Rafael Marques

Eu jogo junto
25/11/2015 - Copa do Brasil
Santos/SP 1x0 Palmeiras

Na decisiva partida de semifinal da Copa do Brasil, os dados pertinentes do evento foram aplicados abaixo do escudo, repetindo-se a ação nos dois jogos finais.

A ação inovadora "Eu jogo junto", visando reverenciar os torcedores, estampou as fotos de inúmeros deles nos números das camisas dos jogadores. Já os dados da partida foram aplicados abaixo do escudo, nos dois jogos finais.

Estreia Camisa — *Ícone Simbólico*

A história das camisas da S. E. PALMEIRAS — TEMPORADAS 2015 a 2016

Outubro Rosa / #MaiorQueUmaCicatriz
14/10/2015 - Campeonato Brasileiro
Palmeiras 0x1 Ponte Preta/SP

Outra ação inovadora do departamento de marketing do clube inseriu um adesivo de uma cicatriz cor-de-rosa sobre o escudo, em referência ao "Outubro Rosa". A ideia era suscitar a conscientização sobre a mastectomia, cirurgia realizada em casos de câncer de mama. Nas costas, abaixo do número, foi aplicada a mensagem "#MaiorQueUmaCicatriz". O adesivo acima do escudo foi retirado para o início da partida.

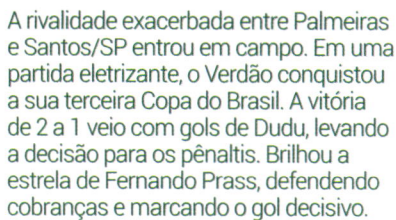

Camisa do Título
02/12/2015 - Copa do Brasil
Palmeiras 2x1 Santos/SP
1º Gol: Dudu

A rivalidade exacerbada entre Palmeiras e Santos/SP entrou em campo. Em uma partida eletrizante, o Verdão conquistou a sua terceira Copa do Brasil. A vitória de 2 a 1 veio com gols de Dudu, levando a decisão para os pênaltis. Brilhou a estrela de Fernando Prass, defendendo cobranças e marcando o gol decisivo.

Patch Campeão
06/12/2015 - Campeonato Brasileiro
Flamengo/RJ 1x2 Palmeiras
1º Gol: Dudu

Próximo do final do Campeonato Brasileiro, a camisa recebeu o escudeto de Campeão da Copa do Brasil 2015, conquistado recentemente.

Campeão
Copa do Brasil 2015

Estreia Camisa   Ícone Simbólico

A história das camisas da **S. E. PALMEIRAS** TEMPORADAS 2015 a 2016

CAMISAS 2016

Crefisa / FAM
31/01/2016 - Campeonato Paulista
Botafogo/SP 0x2 Palmeiras
1º Gol: Alecsandro

A temporada de 2016 veio com a Crefisa e a FAM sendo os únicos patrocinadores do Verdão.

Patch Libertadores
16/02/2016 - Taça Libertadores
River Plate/URU 2x2 Palmeiras
1º Gol: Jean

Na Taça Libertadores deste ano os clubes participantes começaram a ostentar o patch da competição sul-americana, que foi aplicado na manga direita da camisa.

Estreia Camisa I
14/05/2016 - Campeonato Brasileiro
Palmeiras 4x0 Atlético/PR
1º Gol: Gabriel Jesus

O modelo da camisa I estreou com degradê de verde e as cores da bandeira italiana na manga. Seria a camisa usada na conquista do Eneacampeonato Brasileiro, diante da Chapecoense, no dia 27 de novembro de 2016.

Campeão Brasileiro 2016

Estreia Camisa | Ícone Simbólico

A história das camisas da S. E. PALMEIRAS — TEMPORADAS 2015 a 2016

Estreia da Camisa II
18/06/2016 - Campeonato Brasileiro
Palmeiras 3x1 Santa Cruz/PE
1º Gol: Dudu

O branco dominou esse modelo de camisa II, com listras verdes que simulavam a pulsação dos torcedores, dispostas na horizontal, recriando o formato da Cruz de Savoia. A Cruz de Savoia foi um dos primeiros distintivos da história do clube. Vale lembrar que o goleiro Fernando Prass atuou com o modelo I verde.

Homenagem ao time do Brasil
04/08/2016 - Campeonato Brasileiro
Chapecoense/SC 1x1 Palmeiras
Gol: Jean

Nas partidas contra a Chapecoense/SC e Vitória/BA, respectivamente, o Palmeiras homenageou o Time Brasil, que disputava os Jogos Olímpicos, no Rio de Janeiro. E personalizou os números das camisas dos jogadores com a bandeira brasileira.

Bandeira do Brasil
24/07/2016 - Campeonato Brasileiro
Palmeiras 0x1 Atlético/MG

O fato histórico da conquista do título do Mundial Interclubes em 1951, vitória sobre a Juventus de Turim, foi louvado nesse modelo. Com a bandeira brasileira inserida acima do escudo.

Números nas cores da Bandeira
07/08/2016 - Campeonato Brasileiro
Palmeiras 2x1 Vitória/BA
1º Gol: Lucas Barrios

Estreia Camisa   Ícone Simbólico

A história das camisas da S. E. PALMEIRAS — TEMPORADAS 2015 a 2016

Estreia da Camisa III
31/08/2016 - Copa do Brasil
Palmeiras 3x0 Botafogo/PB
1º Gol: Jean

O modelo com duas tonalidades de azul divididas ao meio, claro e escuro, com detalhes em dourado, eternizou Fernando Prass e a conquista da Copa do Brasil em 2015.

Outubro Rosa
23/10/2016 - Campeonato Brasileiro
Palmeiras 2x1 Sport/PE
1º Gol: Dudu

O Palmeiras entrou em campo com os números das camisas dos atletas na cor rosa. Outra ação da campanha de conscientização contra o câncer de mama, o "Outubro Rosa".

Homenagem Chapecoense
11/12/2016 - Campeonato Brasileiro
Vitória/BA 1x2 Palmeiras
1º Gol: Gabriel

Na última partida pelo Campeonato Brasileiro, diante do Vitória, a camisa do Palmeiras homenageou a Chapecoense/SC, adversário dias antes na conquista do título e que tragicamente sofreu um acidente aéreo matando quase a totalidade da delegação do clube. O modelo trouxe a inscrição "#ForçaChape" nas partes frontal e traseira e ao lado do símbolo da Chapecoense/SC, com um laço de luto. Os nomes dos jogadores foram substituídos pelas vítimas da tragédia.

Estreia Camisa   Ícone Simbólico

2017

FELIPE MELO

Líder e multicampeão pelo Palmeiras, o volante vestiu o nosso manto por cinco temporadas. O camisa 30 conseguiu números expressivos com a camisa do Verdão: 225 jogos e 13 gols marcados. Na galeria de conquistas estão o Brasileirão de 2018, Paulista de 2020, Copa do Brasil de 2020 e, finalmente, dois títulos da Taça Libertadores, em 2020 e 2021.

VITOR HUGO

Vitor Hugo se transformou em dos principais jogadores do clube. Sagrou-se campeão da Copa do Brasil pelo Palmeiras em 2015, a primeira final disputada pelo clube no Allianz Parque, e campeão Brasileiro de 2016. Encerrou o campeonato sendo o zagueiro com mais gols, juntamente com o companheiro de zaga Yerry Mina, ambos com quatro.

A história das camisas da **S. E. PALMEIRAS** NÚMEROS E FONTES

FORNECEDOR: adidas ANO: 2016 a 2017

0 1 2 3 4
5 6 7 8 9

0 1 2 3 4
5 6 7 8 9
ABCDEFGHIJKLMNOPQRSTUVWXYZ

0 1
2 3
4 5
6 7
8 9
ABCDEFGHIJKLMNOPQRSTUVWXYZW

0 1 2 3 4 5 6 7 8 9

2017

No terceiro ano de vigência do patrocínio da Crefisa/Fam no uniforme do Verdão, tivemos o fato inusitado da substituição do escudo tradicional pela letra "P", homenageando a "Arrancada Heroica", que foi a passagem histórica da alteração do nome de Palestra Italia para Sociedade Esportiva Palmeiras. Simultaneamente, oi comemorada a conquista do Mundial Interclubes de 1951, inserindo a estrela vermelha acima do escudo.

CAMISA I
Estreia: 14 de Maio 2017
Partida: Palmeiras 4x0 Vasco/RJ
Campeonato: Brasileiro
1º Gol: Jean

CAMISA II
Estreia: 09 de Julho 2017
Partida: Cruzeiro/MG 3x1 Palmeiras
Campeonato: Brasileiro
1º Gol: Willian Bigode

CAMISA III
Estreia: 20 de Agosto 2017
Partida: Palmeiras 0x2 Chapecoense/SC
Campeonato: Brasileiro
1º Gol: -

A história das camisas da S. E. PALMEIRAS — TEMPORADA 2017

#Juntos
21/01/2017 - Amistoso Interestadual
Chapecoense/SC 2x2 Palmeiras
1º Gol: Raphael Veiga

Nesta partida amistosa em Santa Catarina, o Palmeiras homenageou a equipe da Chapecoense. Estampou o escudo do adversário no centro da camisa, devido ao trágico acidente aéreo que tirou a vida de quase toda a delegação da equipe catarinense. Esse confronto foi permeado por várias homenagens às vítimas e familiares.

#DerbyCentenário
22/02/2017 - Campeonato Paulista
Corinthians/SP 1x0 Palmeiras

No histórico "Derby Centenário", em fevereiro daquele ano, os times estamparam patchs em referência ao "maior clássico do mundo". O Verdão utilizou no logo o mesmo distintivo do primeiro jogo, após a mudança de nome em 1942, de Palestra Italia para Palmeiras. Seu adversário usou no logo o primeiro distintivo do clube, fundado em 1910.

Patch Campeão Brasileiro
12/02/2017 - Campeonato Paulista
Ituano/SP 1x0 Palmeiras

O Palmeiras disputou o Campeonato Paulista de 2017 ostentando o patch de campeão do Campeonato Brasileiro de 2016. A camisa estampou o patrocínio da palavra "Vestibular" acima do logo da Fam.

Estreia Camisa   Ícone Simbólico

A história das camisas da S. E. PALMEIRAS — TEMPORADA 2017

Patchs Libertadores

08/03/2017 - Taça Libertadores
Atletico Tucumán/ARG 1x1 Palmeiras
Gol: Keno

Para a edição da Taça Libertadores da América de 2017 foram estampados os patchs da Conmebol e o número de títulos conquistados na competição, respectivamente nas mangas direita e esquerda.

Patch FPF / Quartas de Final

07/04/2017 - Campeonato Paulista
Palmeiras 3x0 Novorizontino/SP
1º Gol: Willian

A FPF - Federação Paulista de Futebol – inovou aplicando patch referente às quartas de final da sua competição, na manga direita.

Patch FPF / Semifinais

16/04/2017 - Campeonato Paulista
Ponte Preta/SP 3x0 Palmeiras

Estreia Camisa · Ícone Simbólico

A história das camisas da S. E. PALMEIRAS — TEMPORADA 2017

Patch semifinal, Paulistão.

Estreia da Camisa I
14/05/2017 - Campeonato Brasileiro
Palmeiras 4x0 Vasco/RJ
1º Gol: Jean

Na estreia desta camisa I, o modelo veio totalmente verde com listras finas em tons mais escuros. Mas a alteração radical ocorreu no escudo, que foi bordado apenas com a letra "P", reverenciando a mudança de nome, de Palestra Italia para Palmeiras. Na data dessa partida também se comemorava o Dia das Mães. Os atletas as homenagearam estampando o nome de suas progenitoras na camisa de jogo.

Estrela Vermelha
24/05/2017 - Taça Libertadores
Palmeiras 3x1 Atlético Tucumán/ARG
1º Gol: Mina

O Palmeiras passou a adotar a estrela vermelha acima do escudo. Uma celebração ao título do Mundial Interclubes conquistado em 1951. A estrela já havia sido estampada na camisa do clube em 1989.

Estreia da Camisa II
09/07/2017 - Campeonato Brasileiro
Cruzeiro/MG 3x1 Palmeiras
Gol: Willian Bigode

O modelo II, com listras verticais verdes, estreava nesta partida pelo Campeonato Brasileiro e trazia nas costas a frase "E nasce o Palmeiras campeão", referência ao episódio da mudança de nome ocorrida na agremiação em 1942.

Estreia Camisa   *Ícone Simbólico*

A história das camisas da S. E. PALMEIRAS — TEMPORADA 2017

Logo da FAM
12/07/2017 - Campeonato Brasileiro
Palmeiras 0x2 Corinthians/SP

O modelo deste jogo, em 2017, estampou novamente o patch do "Derby Centenário". O patrocínio da Fam veio com a palavra "Matricule-se já" acima do logo.

Estreia da Camisa III
20/08/2017 - Campeonato Brasileiro
Palmeiras 0x2 Chapecoense/SC

Inspirada na inesquecível Arrancada Heroica de 1942, episódio que marcou a mudança de nome de Palestra Italia para Palmeiras, o modelo da camisa exibiu um tom de verde escuro e permeado de detalhes em dourado: nas mangas, na gola e nas três listras da Adidas, posicionadas nas laterais da camisa. Fato curioso. O modelo foi eleito como a segunda camisa mais bonita do mundo pela revista inglesa "Four Four Two". O veículo escolheu 19 clubes. Dois brasileiros entraram na lista.

Outubro Rosa
19/10/2017 - Campeonato Brasileiro
Palmeiras 2x0 Ponte Preta/SP
1º Gol: Keno

Para contribuir com a campanha "Outubro Rosa" e repetindo a ação do ano anterior, a camisa exibiu os números dos atletas aplicados na cor rosa.

Inversão de Patrocínios
05/11/2017 - Campeonato Brasileiro
Corinthians/SP 3x2 Palmeiras
1º Gol: Mina

Quase no final da temporada o modelo estampou novamente o patch do "Derby Centenário". O patrocínio máster da camisa veio com a troca de posições nos logos da Crefisa e Fam, que veio acrescida da mensagem "Vestibular 2018" na frente, e com os nomes dos cursos da instituição nas costas da camisa.

A história das camisas da S. E. PALMEIRAS — TEMPORADA 2017

Vestibular 2018
12/11/2017 - Campeonato Brasileiro
Palmeiras 2x0 Flamengo/RJ
1º Gol: Deyverson

158

Estreia Camisa   Ícone Simbólico

2018

JAILSON

O goleiro chegou ao Palmeiras em 2014. Assumiu a titularidade em 2016 após lesão de Fernando Prass e terminou a temporada como herói. Foram 19 partidas no Campeonato Brasileiro e permaneceu invicto, com 14 vitórias e 5 empates. As atuações em alto nível renderam os prêmios Bola de Prata e de melhor goleiro da competição, entregue pela CBF. Participou também das conquistas do Brasileirão de 2018, Campeonato Paulista de 2020, Copa do Brasil de 2015 e 2020, além das Taças Libertadores de 2020 e 2021.

MOISÉS

O meia chegou ao Palmeiras em 2015 e teve um desempenho decisivo na campanha vitoriosa do Palmeiras no Campeonato Brasileiro de 2016, sendo elogiado pelas grandes atuações que lhe renderam vários prêmios individuais. Repetiu a façanha em 2018, conquistando o seu segundo título nacional com a camisa do Verdão.

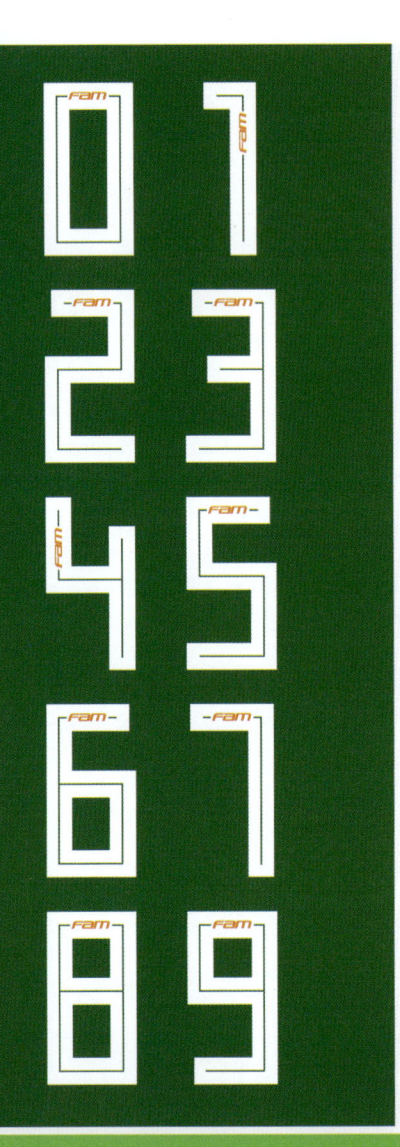

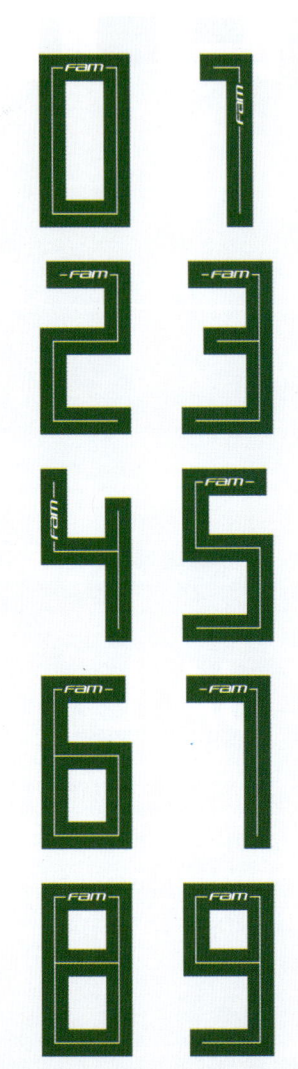

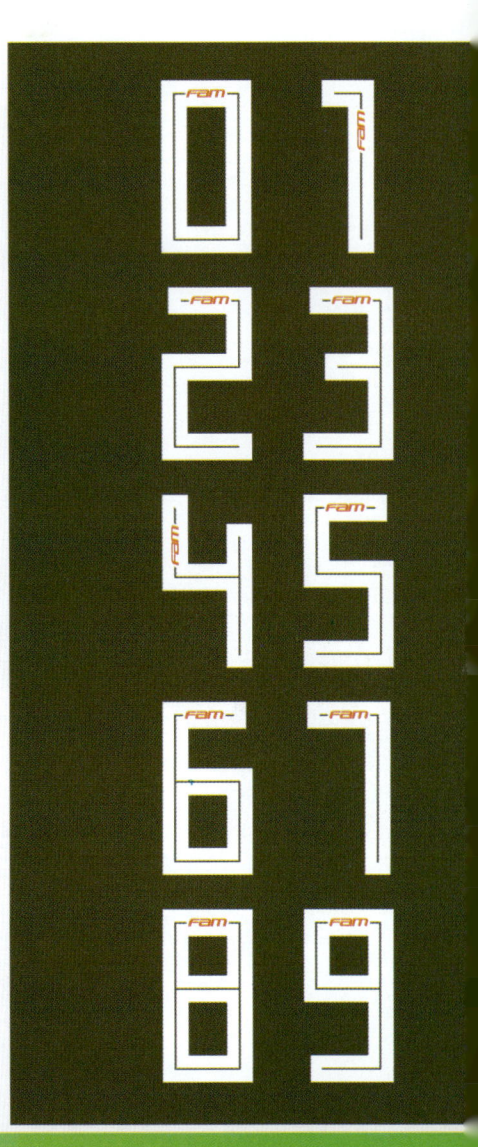

A história das camisas da **S. E. PALMEIRAS** NÚMEROS E FONTES

FORNECEDOR: adidas **ANO:** 2018

ABCDEFGHIJKLMNOPQRSTUVWXYZÇ

2018

Sem muitas surpresas nos modelos, o ano de 2018 teve apenas a volta do escudo tradicional. A camisa III trouxe uma texturização na parte frontal, com grafismos geométricos e sombras em toda a sua extensão. Além da novidade no tom verde.

CAMISA I
Estreia: 31 de Março 2018
Partida: Corinthians 0x1 Palmeiras
Campeonato: Paulista
1º Gol: Borja

CAMISA II
Estreia: 06 de Maio 2018
Partida: Atlético/PR 1x3 Palmeiras
Campeonato: Brasileiro
1º Gol: Bruno Henrique

CAMISA III
Estreia: 12 de Agosto 2018
Partida: Palmeiras 1x0 Vasco
Campeonato: Brasileiro
1º Gol: Deyverson

A história das camisas da S. E. PALMEIRAS — TEMPORADA 2018

Vestibular 2018
18/01/2018 - Campeonato Paulista
Palmeiras 3x1 Santo André/SP
1º Gol: Willian Bigode

Matricule-se Já
21/01/2018 - Campeonato Paulista
Botafogo/SP 0x1 Palmeiras
Gol: Borja

Patrocínios invertidos
25/01/2018 - Campeonato Paulista
Palmeiras 2x1 Red Bull/SP
1º Gol: Thiago Santos

Repetindo a ação de 2017, as posições dos patrocinadores foram invertidas, com a mensagem de "Matricule-se já" acima do logo da FAM. Os nomes dos cursos substituíram os nomes dos jogadores.

Patchs Libertadores
03/03/2018 - Taça Libertadores
Junior Barranquilla/COL 0x3 Palmeiras
1º Gol: Bruno Henrique

Na edição para a disputa da Taça Libertadores da América, o modelo estampou os patchs da Conmebol e o número de títulos na competição, nas mangas direita e esquerda.

Estreia Camisa   Ícone Simbólico

A história das camisas da S. E. PALMEIRAS — TEMPORADA 2018

Patch FPF / Quartas de Final
17/03/2018 - Campeonato Paulista
Novorizontino/SP 0x3 Palmeiras
1º Gol: Dudu

Patch FPF / Quartas de Final
21/03/2018 - Campeonato Paulista
Palmeiras 5x0 Novorizontino/SP
1º Gol: Bruno Henrique

Patch da FPF - Federação Paulista de Futebol - referente às quartas-de-finais da competição foi aplicado na manga direita durante as duas partidas, de ida e volta.

Patch FPF / Semifinais
24/03/2017 - Campeonato Paulista
Santos/SP 0x1 Palmeiras
Gol: Willian Bigode

Estreia da Camisa I
31/03/2018 - Campeonato Paulista
Corinthians/SP 0x1 Palmeiras
Gol: Borja

Patch da FPF - Federação Paulista de Futebol - referente às semifinais da competição foi aplicado na manga direita, nas partidas de ida e volta.

A estreia do modelo I veio com um tom de verde mais escuro e botão. Também contou com detalhes brancos nos ombros e em filetes nas bordas das mangas. Novamente com a aplicação do patch da FPF, em referência ao jogo decisivo, na manga direita da camisa.

Patchs Libertadores
03/04/2018 - Taça Libertadores
Palmeiras 2x0 Alianza/PER
1º Gol: Thiago Martins

Estreia Camisa   *Ícone Simbólico*

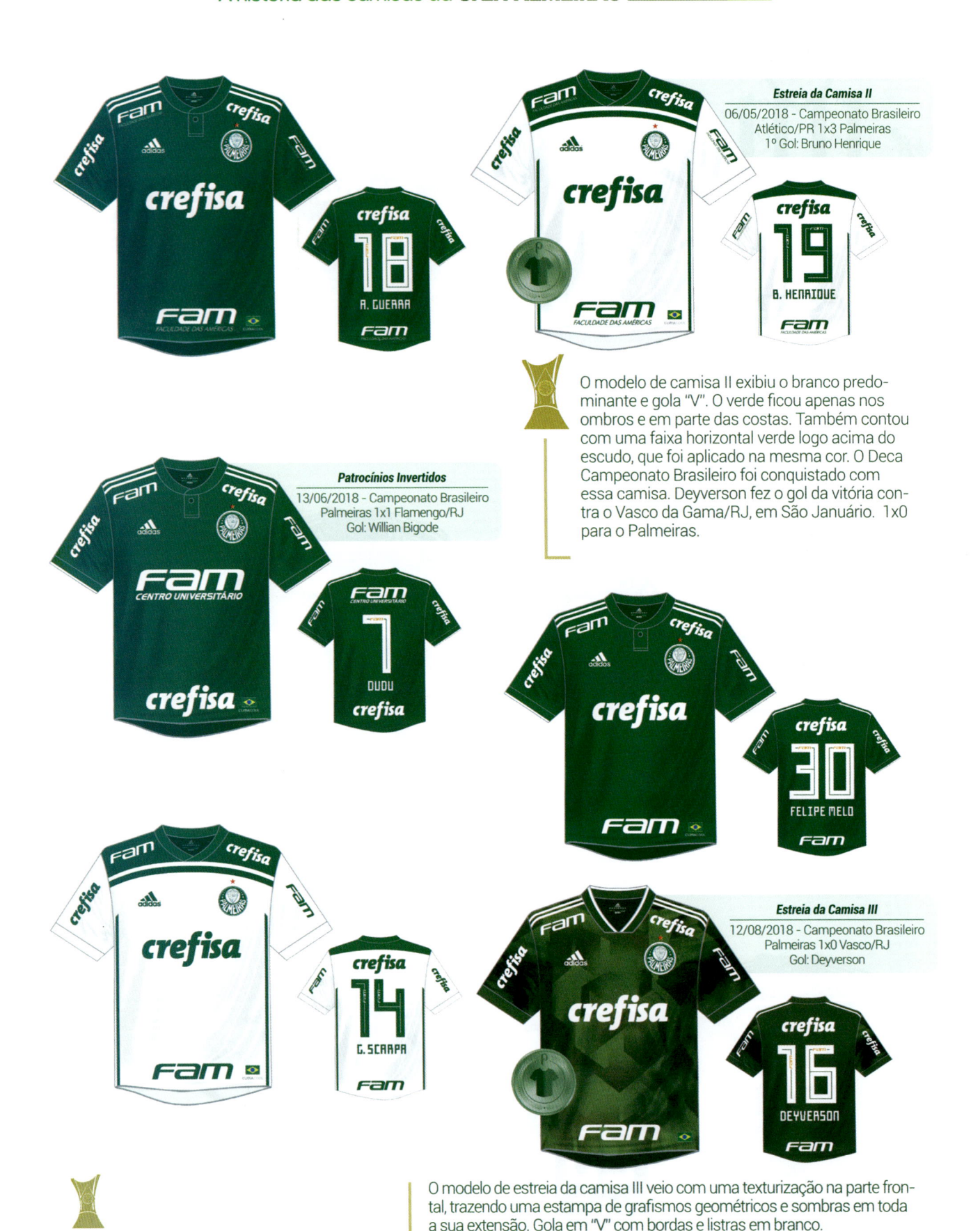

A história das camisas da S. E. PALMEIRAS — TEMPORADA 2018

Estreia da Camisa II
06/05/2018 - Campeonato Brasileiro
Atlético/PR 1x3 Palmeiras
1º Gol: Bruno Henrique

O modelo de camisa II exibiu o branco predominante e gola "V". O verde ficou apenas nos ombros e em parte das costas. Também contou com uma faixa horizontal verde logo acima do escudo, que foi aplicado na mesma cor. O Deca Campeonato Brasileiro foi conquistado com essa camisa. Deyverson fez o gol da vitória contra o Vasco da Gama/RJ, em São Januário. 1x0 para o Palmeiras.

Patrocínios Invertidos
13/06/2018 - Campeonato Brasileiro
Palmeiras 1x1 Flamengo/RJ
Gol: Willian Bigode

Estreia da Camisa III
12/08/2018 - Campeonato Brasileiro
Palmeiras 1x0 Vasco/RJ
Gol: Deyverson

O modelo de estreia da camisa III veio com uma texturização na parte frontal, trazendo uma estampa de grafismos geométricos e sombras em toda a sua extensão. Gola em "V" com bordas e listras em branco.

Campeão Brasileiro 2018

Estreia Camisa   Ícone Simbólico

A história das camisas da S. E. PALMEIRAS — TEMPORADA 2018

Patch de Campeão
02/12/2018 - Campeonato Brasileiro
Palmeiras 3x2 Vitória/BA
1º Gol: Edu Dracena

O modelo passou a estampar o patch de Campeão Brasileiro 2018.

Camisa comemoração do título
02/12/2018 - Campeonato Brasileiro
Palmeiras 3x2 Vitória/BA

Após o encerramento da partida em São Januário, os atletas do Palmeiras vestiram esse modelo em comemoração ao Deca Campeonato Brasileiro.

Estreia Camisa Ícone Simbólico

2019-2020

WEVERTON

O ano de 2020 consagrou definitivamente o goleiro Weverton no Verdão. A segurança e categoria do arqueiro ajudaram o time a conquistar o Campeonato Paulista, o bicampeonato da Taça Libertadores da América e o título invicto da Copa do Brasil. A rotina vitoriosa seguiu em 2021, sendo decisivo no terceiro troféu da competição sul-americana após a vitória por 2 a 1 sobre o Flamengo, em Montevidéu, no Uruguai.

GUSTAVO GÓMEZ

Gustavo Gómez chegou no início de 2018 e se tornou o estrangeiro com mais títulos pelo Palmeiras. Adaptou-se facilmente ao elenco. Faturou de cara o Brasileirão formando a dupla de zaga com Luan. Contribuiu para estabelecer o recorde alviverde de menos gols sofridos na história do campeonato por pontos corridos: foram apenas 26 na competição. Virou capitão e conquistou os Paulistas em 2020 e 2022, a Copa do Brasil em 2015 e 2020, as Taças Libertadores de 2020 e 2021 e, finalmente, a Recopa de 2022.

A história das camisas da S. E. PALMEIRAS — NÚMEROS E FONTES

FORNECEDOR: PUMA **ANO:** 2019 a 2020

ABCDEFGHIJKLMNOPQ
RSTUVWXYZ ,.

ABCDEFGHIJKLMNOP
RSTUVWXYZ ÁÂQ

2019-2020

O início deste período definiu a saída, após doze anos de parceria, da fornecedora de material esportivo Adidas do Palmeira. A Puma se estabeleceu no nosso uniforme. O lançamento de cores insólitas no uniforme III surpreendeu a torcida palmeirense.

CAMISA 2019

Estreia: 03 de Janeiro 2019
Partida: Palmeiras 2x0 Galvez/AC
Campeonato: Copa São Paulo
1º Gol: Patrick de Paula

CAMISA 2020

Estreia: 07 de Março 2020
Partida: Palmeiras 1x1 Ferroviária/SP
Campeonato: Paulista
1º Gol: Willian Bigode

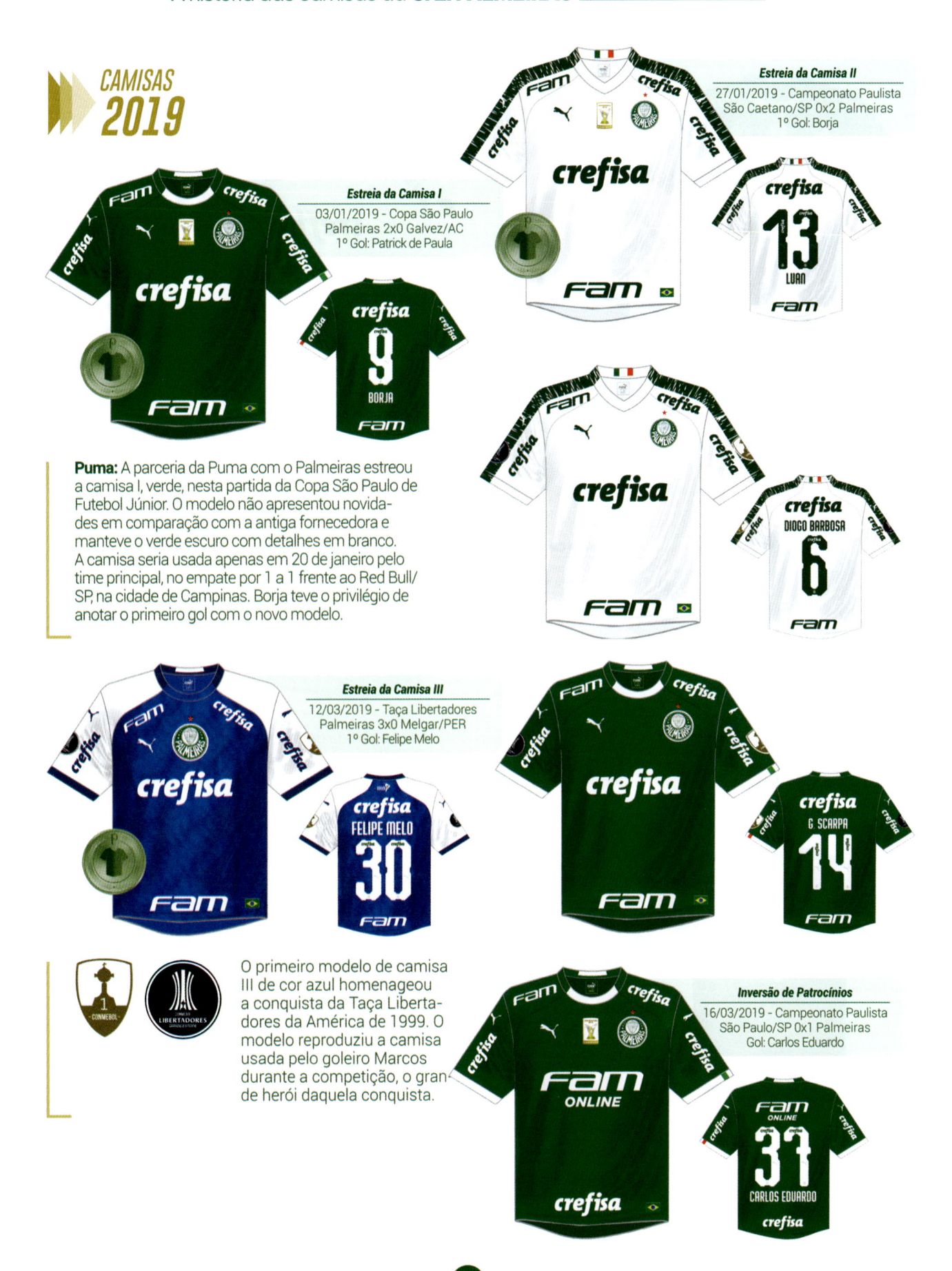

A história das camisas da S. E. PALMEIRAS — TEMPORADAS 2019 a 2020

CAMISAS 2019

Estreia da Camisa I
03/01/2019 - Copa São Paulo
Palmeiras 2x0 Galvez/AC
1º Gol: Patrick de Paula

Estreia da Camisa II
27/01/2019 - Campeonato Paulista
São Caetano/SP 0x2 Palmeiras
1º Gol: Borja

Puma: A parceria da Puma com o Palmeiras estreou a camisa I, verde, nesta partida da Copa São Paulo de Futebol Júnior. O modelo não apresentou novidades em comparação com a antiga fornecedora e manteve o verde escuro com detalhes em branco. A camisa seria usada apenas em 20 de janeiro pelo time principal, no empate por 1 a 1 frente ao Red Bull/SP, na cidade de Campinas. Borja teve o privilégio de anotar o primeiro gol com o novo modelo.

Estreia da Camisa III
12/03/2019 - Taça Libertadores
Palmeiras 3x0 Melgar/PER
1º Gol: Felipe Melo

O primeiro modelo de camisa III de cor azul homenageou a conquista da Taça Libertadores da América de 1999. O modelo reproduziu a camisa usada pelo goleiro Marcos durante a competição, o grande herói daquela conquista.

Inversão de Patrocínios
16/03/2019 - Campeonato Paulista
São Paulo/SP 0x1 Palmeiras
Gol: Carlos Eduardo

A história das camisas da S. E. PALMEIRAS — TEMPORADAS 2019 a 2020

Patch Brasileiro
28/04/2019 - Campeonato Brasileiro
Palmeiras 4x0 Fortaleza/CE
1º Gol: Zé Rafael

A CBF determinou a todos os participantes da Série A do Campeonato Brasileiro de 2019 a utilização do patch da competição, aplicado na manga direita da camisa.

Estreia da Camisa III
10/09/2019 - Campeonato Brasileiro
Palmeiras 3x0 Fluminense/RJ
1º Gol: Luiz Adriano

Setembro Amarelo
26/09/2019 - Campeonato Brasileiro
Palmeiras 6x2 CSA/AL
1º Gol: Luiz Adriano

Nessa partida de setembro, instituído como o mês amarelo de combate ao suicídio, laços da cor foram aplicados dentro dos números, nas costas da camisa dos jogadores do Verdão.

Outubro Rosa
16/10/2019 - Campeonato Brasileiro
Palmeiras 1x0 Chapecoense/SC
Gol: Felipe Melo

Inversão de Patrocínio
24/11/2019 - Campeonato Brasileiro
Palmeiras 1x2 Grêmio/RS
Gol: Bruno Henrique

No mês de conscientização sobre o câncer de mama, o "Outubro Rosa", repetiu-se a ação do mês anterior. Laços rosas foram aplicados dentro dos números, nas costas das camisas dos jogadores do Palmeiras.

Estreia Camisa | Ícone Simbólico

A história das camisas da S. E. PALMEIRAS — TEMPORADAS 2019 a 2020

CAMISAS 2020

Camisa de Título
18/02/2020 - Florida CUP
New York City/EUA 1x2 Palmeiras
1º Gol: Lucas Lima

O Palmeiras ganhou a Florida Cup de 2020 com o patch da competição aplicado na manga direita da camisa.

Estreia da Camisa II
04/03/2020 - Taça Libertadores
Tigre/ARG 0x3 Palmeiras
1º Gol: Luiz Adriano

A estreia da camisa II ocorreu na Taça Libertadores de 2020. Exibiu o branco tradicional, permeado por outra estampa exclusiva em toda a parte frontal, utilizando a técnica em baixo-relevo, a "emboss".

Estreia da Camisa I
07/03/2020 - Campeonato Paulista
Palmeiras 1x1 Ferroviária/SP
Gol: Willian Bigode

A Puma desenvolveu e apresentou o modelo verde tradicional com estampa exclusiva para o clube. O desenho, que ressaltou a letra 'P' no escudo palestrino, foi inspirado em documentos de viagens que imigrantes italianos recebiam ao embarcar para a cidade de São Paulo, no início do século XX. O Palmeiras conquistou o Campeonato Paulista de 2020 após jejum de 12 anos. Ela foi usada no título.

Estreia da Camisa III
23/08/2020 - Campeonato Brasileiro
Palmeiras 2x1 Santos
1º Gol: Luiz Adriano

A CBF determinou novamente a todos os participantes da Série A do Campeonato Brasileiro de 2020 que utilizassem o patch da competição, aplicado na manga direita da camisa.

Campeão Florida Cup 2020
Campeão Paulista 2020

Estreia Camisa — Ícone Simbólico

A história das camisas da S. E. PALMEIRAS TEMPORADAS 2019 a 2020

Futebol Livre
13/09/2020 - Campeonato Brasileiro
Palmeiras 2x2 Sport/PE
1º Gol: Willian Bigode

Futebol Livre
10/10/2020 - Campeonato Brasileiro
Palmeiras 0x2 São Paulo/SP

Contra o Sport/PE, o Verdão entrou em campo com o pacth na região central da camisa, com a mensagem de apoio ao movimento "Futebol Mais Livre", uma campanha com participação de mais de 40 clubes brasileiros. O desenho voltou a ser usado contra o São Paulo/SP.

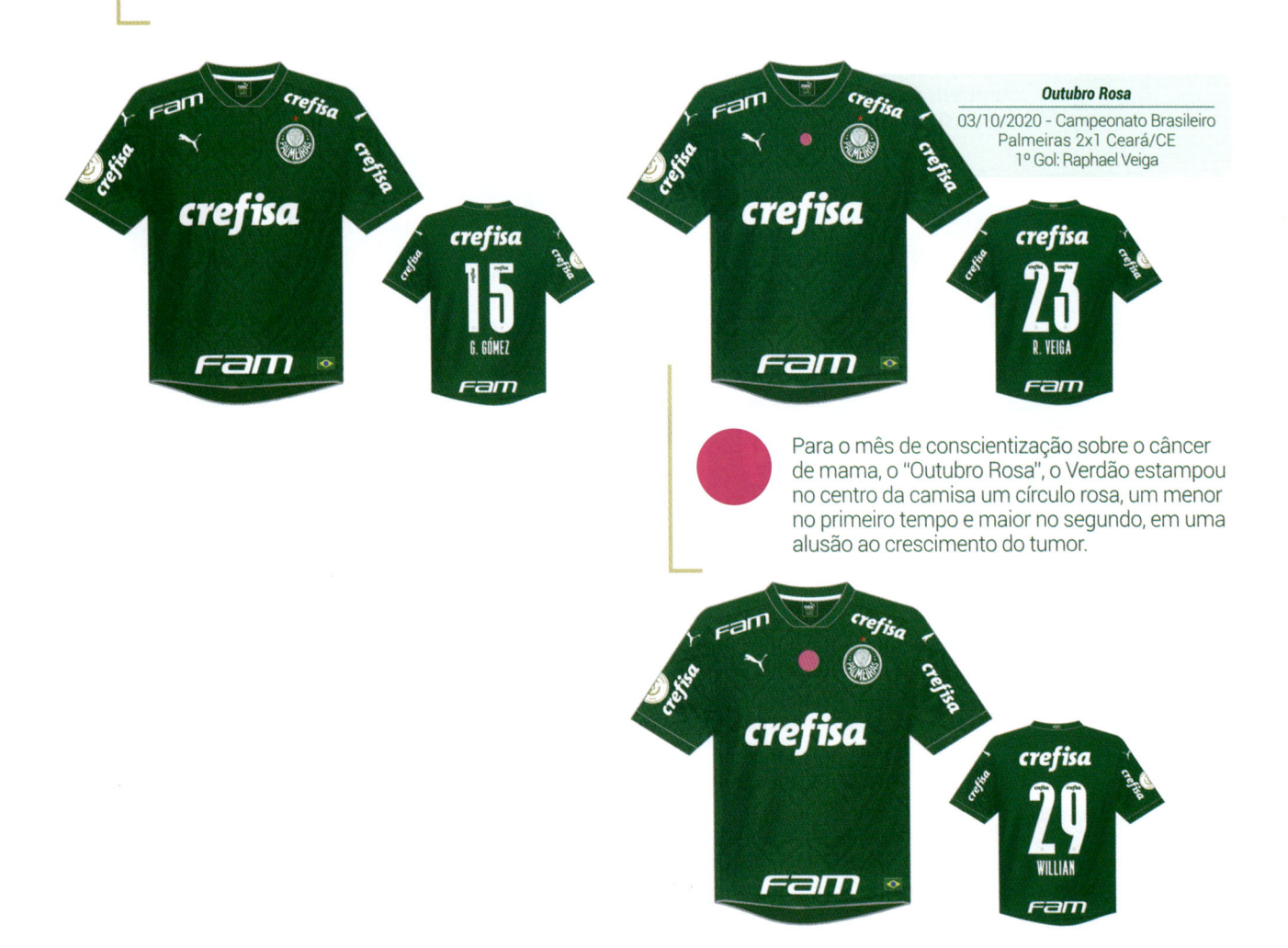

Outubro Rosa
03/10/2020 - Campeonato Brasileiro
Palmeiras 2x1 Ceará/CE
1º Gol: Raphael Veiga

Para o mês de conscientização sobre o câncer de mama, o "Outubro Rosa", o Verdão estampou no centro da camisa um círculo rosa, um menor no primeiro tempo e maior no segundo, em uma alusão ao crescimento do tumor.

Estreia Camisa   Ícone Simbólico

2021-2022

RAPHAEL VEIGA

Mais experiente, Raphael Veiga voltou de empréstimo em 2019. Dois anos depois, como meia titular da equipe, ajudou a levar o Palmeiras ao tricampeonato da Taça Libertadores da América, em jogos contra o Santos (2020) e Flamengo (2021). Além das competições, Veiga também foi campeão da Florida Cup de 2020, do Campeonato Paulista em 2020 e 2022, da Copa do Brasil de 2020 e da Recopa Sul-Americana em 2022.

ABEL FERREIRA

Abel Ferreira é o primeiro técnico da história a colecionar pelo menos um título de campeonatos estaduais, nacionais e internacionais pelo Palmeiras. Maior campeão de competições fora do país pelo clube (três taças), o português é o primeiro técnico europeu campeão paulista desde o húngaro Bela Guttmann, do São Paulo, em 1957 – levando em conta apenas o Palmeiras, o feito se torna ainda mais raro: o último estrangeiro campeão paulista havia sido o uruguaio Ventura Cambon, em 1950. O último europeu era o italiano Caetano De Domênico, em 1940.

A história das camisas da S. E. PALMEIRAS NÚMEROS E FONTES

FORNECEDOR: PUMA **ANO:** 2021 a 2022

0 1
2 3
4 5
6 7
8 9

ABCDEFGHIJKLMNOP
RSTUVWXYZ ÁÂQ

0 1
2 3
4 5
6 7
8 9

ABCDEFGHIJKLMNOP
RSTUVWXYZ ÁÂQ

2021-2022

A coleção Palmeiras/Puma 2021 teve como mote a campanha "Onde Quer Que Seja Verde". A nova camisa titular contou com gola V e trauxe dois diferentes tons de verde em um estilo xadrez. O manto reserva tem o branco como cor predominante, com um padrão gráfico pelo corpo e diversas coroas de cinco pontas, em tons de cinza. O verde aparece em finas linhas nos ombros e nos punhos. Já a coleção 2022 marca os 80 anos da Arrancada Heroica, episódio que ocorreu em 1942 e simbolizou a mudança de nome do clube de Palestra Italia para S. E. Palmeiras. A Camisa 1 celebra esse momento icônico da história do Verdão.

CAMISA 2021 | CAMISA 2022

Estreia: 07 de Março 2021
Partida: Palmeiras 2x0 Grêmio/RS
Campeonato: Copa do Brasil
1º Gol: Wesley

Estreia: 23 de Fevereiro 2022
Partida: Athletico/PR 2x2 Palmeiras
Campeonato: Recopa Sul-Americana
1º Gol: Jailson

A história das camisas da S. E. PALMEIRAS — TEMPORADAS 2021 a 2022

CAMISAS 2021

Ação Patrocinador
18/01/2021 - Campeonato Brasileiro
Palmeiras 4x0 Corinthians/SP
1º Gol: Raphael Veiga

Inversão de patrocínios
26/01/2021 - Campeonato Brasileiro
Palmeiras 1x1 Vasco/RJ
Gol: Breno Lopes

Camisa de Título
30/01/2021 - Taça Libertadores
Palmeiras 1x0 Santos/SP
1º Gol: Breno Lopes

A camisa vestiu a equipe na conquista da sua segunda Taça Libertadores da América, diante do Santos/SP, no estádio do Maracanã. Competição vencida após 21 anos. O modelo trouxe o patch da final estampado na manga direita, além de outro, com o número de conquistas, na manga esquerda. Bem como os escudos dos finalistas na área central do peito da camisa.

Camisas que foram utilizadas na disputa do Mundial de Clubes da FIFA, realizado no Catar

Campeão Libertadores 2020

Estreia Camisa   Ícone Simbólico

A história das camisas da **S. E. PALMEIRAS** TEMPORADAS 2021 a 2022

Estreia da Camisa II
28/02/2021 - Copa do Brasil
Grêmio/RS 0x1 Palmeiras
Gol: Gustavo Gómez

Estreia da Camisa I
07/03/2021 - Copa do Brasil
Palmeiras 2x0 Grêmio/RS
1º Gol: Wesley

O Palmeiras aproveitou as duas partidas finais da Copa do Brasil no começo do ano para lançar os uniformes da temporada 2021/2022. Na Arena Grêmio, no jogo de ida, estreou a camisa II. No jogo de volta, no Allianz Parque, a camisa I apareceu pela primeira vez. O patch da final estampou a manga direita e, na área central da camisa, os dados da partida foram inseridos.

Patch Libertadores
24/03/2021 - Campeonato Paulista
São Bento/SP 1x1 Palmeiras
Gol: Gustavo Gómez

O Palmeiras passou a ostentar o patch de campeão da Libertadores 2020 na área central do peito da camisa.

Camisas usadas para disputa das duas partidas finais da Recopa 2021.

GOL Nº 500 do Allianz Parque
Palmeiras 3x2 Santos/SP
06/07/2021
Autor: Matias Viña

Campeão Copa do Brasil 2020

177

Estreia Camisa   Ícone Simbólico

A história das camisas da S. E. PALMEIRAS — TEMPORADAS 2021 a 2022

Patch Libertadores
21/04/2021 - Taça Libertadores
Universitario/PER 2x3 Palmeiras
1º Gol: Danilo

Camisa usada na final da Super Copa do Brasil contra o Flamengo/RJ, em Brasília.

O Palmeiras disputou a edição da Libertadores de 2021 com o patch na manga esquerda da camisa com o número 2, reverenciando a conquista do bicampeonato da competição, no ano de 2020.

GOL Nº 12.000
Data: 27/04/2021
Palmeiras 5x0 Ind. Del Valle
(Libertadores 2021)
Autor: Patrick de Paula

Na partida diante da Ponte Preta/SP, válida pela 12ª rodada do Paulistão, o Palmeiras fez uma homenagem ao Dia das Mães. Foram aplicados os nomes das mães dos atletas em cada camisa.

Patch Competições Nacionais
30/05/2021 - Campeonato Brasileiro
Flamengo/RJ 1x0 Palmeiras

O Palmeiras passou a usar os patchs do Brasileirão 2021 e de campeão da Copa do Brasil 2020.

178

Estreia Camisa   *Ícone Simbólico*

A história das camisas da S. E. PALMEIRAS — TEMPORADAS 2021 a 2022

Na Copa do Brasil, o modelo estampou 2 patchs de campeão da Libertadores. Um no centro do peito e o outro na manga esquerda da camisa.

Estreia da Camisa III
09/10/2021 - Campeonato Brasileiro
Palmeiras 2x4 Red Bull/SP
1º Gol: Dudu

A novidade no Campeonato Brasileiro de 2021 foi o uso de uma fonte padrão para os números das camisas dos 20 clubes participantes da competição naquele ano.

Estreia Camisa — *Ícone Simbólico*

A história das camisas da S. E. PALMEIRAS — TEMPORADAS 2021 a 2022

Camisa de Título
27/11/2021 - Taça Libertadores
Palmeiras 2x1 Flamengo/RJ
1º Gol: Raphael Veiga

Campeão de 2020, o Palmeiras defendeu seu título em 2021 e se consolidou como o melhor time brasileiro na Conmebol Libertadores. O modelo trouxe o patch da final estampado na manga direita. Além de outro, com o número de conquistas, na manga esquerda. Os dados da partida na área central do peito também foram aplicados.

O Verdão entrou em campo na partida diante do Athletico/PR com mensagem em comemoração aos três anos de parceria vitoriosa com a Crefisa.

CAMISAS 2022

Estreia da Camisa I
26/01/2022 - Campeonato Paulista
Palmeiras 3x0 Ponte Preta/SP
1º Gol: Murilo

Novo manto: O ano de 2022 marca os 80 anos da Arrancada Heroica, em 1942. O ano simbolizou a mudança de nome do clube de Palestra Italia para S. E. Palmeiras. A Camisa 1 do Palmeiras celebra esse momento icônico com o ramo de palmeira - que é símbolo de vitória, triunfo, paz e vida eterna originário das religiões mesopotâmicas e do antigo Egito. O Palestra morre líder e o Palmeiras nasce campeão!

Campeão Libertadores 2021 | Campeão Paulista 2022

Camisas usadas para a disputa do Mundial de Clubes da FIFA, realizado no Catar.

Estreia Camisa | Ícone Simbólico

A história das camisas da S. E. PALMEIRAS — TEMPORADAS 2021 a 2022

Estreia da Camisa II
23/02/2022 - Recopa Sul-Americana
Athletico/PR 2x2 Palmeiras
1º Gol: Jailson

Camisas usadas para a disputa das duas partidas finais da Recopa 2022.

Patch Libertadores
06/04/2022 - Taça Libertadores
Dep. Táchira/VEN 0x4 Palmeiras
1º Gol: Dudu

O Palmeiras disputou a edição da Libertadores de 2022 com o patch na manga esquerda da camisa com o número 3, reverenciando a conquista do tricampeonato da competição, no ano de 2021.

Campeão Recopa 2022

Os clubes participantes do Campeonato Brasileiro têm de estampar em suas camisas o patch da competição. No caso do Verdão, a aplicação foi na manga direita.

Estreia Camisa   Ícone Simbólico

A história das camisas da **S. E. PALMEIRAS** | TEMPORADAS | 2021 a 2022

Betfair: Em maio de 2022, o Palmeiras confirmou uma parceria com o site de apostas online Betfair. O novo patrocinador passou a estampar a sua marca no espaço master do time de futebol feminino alviverde, ocupando o lugar da Crefisa.

Estreia da Camisa Betfair
15/05/2022 - Campeonato Brasileiro
Red Bull/SP 1x2 Palmeiras
1º Gol: Carol Rodrigues

Cartão de Todos: O Futebol feminino passou a ter mais um patrocinador, o Cartão de Todos, que trabalha no ramo de cartões de desconto. A marca foi estampada abaixo da gola.

Plano de Sócio Torcedor
09/06/2022 - Campeonato Brasileiro
Palmeiras 4x0 Botafogo/SP
1º Gol: Rony

Avanti: Com o crescimento de 64% em seis meses, o Verdão passou a estampar o logo Avanti na região central da camisa, acima do patch da Libertadores.

Estreia da Camisa III
10/09/2022 - Campeonato Brasileiro
Palmeiras 2x1 Juventude/RS
1º Gol: Rony

Aproveitando a celebração dos seus 108 anos, o Palmeiras apresentou a camisa número 3 para a temporada 2022. Com tom de verde denominado green glimmer e detalhes e listras em amarelo, faz parte da campanha Verde é tudo. Verde ou nada.

182

Estreia Camisa — Ícone Simbólico

CAMISAS
GOLEIROS

O Palmeiras teve quase quinhentas camisas de goleiro em mais de 100 anos de história. Mas o número não corresponde ao número de modelos. A contagem leva em consideração o total de patchs usados em partidas, como campanhas do Outubro Rosa, por exemplo. Assim, esse capítulo traz apenas as ilustrações dos modelos de cada ano, as mudanças nas aplicações dos patrocínios, sem contar as variações dos patchs. Outro fato curioso aponta que, mesmo contando com uma fornecedora de material esportivo nos anos 80, os goleiros utilizaram camisas de parceiros particulares, como a "Proonze" e a "Reusch". Foram ilustradas apenas as camisas que conseguimos referências fotográficas.

A história das camisas da **S. E. PALMEIRAS** CAMISAS GOLEIROS

CAMISAS
1915 A 1969

CAMISA 1915

CAMISAS 1916

CAMISAS 1917

CAMISAS 1918

CAMISAS 1919

CAMISA 1920

CAMISA 1922

CAMISA 1923

CAMISA 1924

CAMISA 1925

CAMISAS 1926

A história das camisas da S. E. PALMEIRAS — CAMISAS | GOLEIROS

CAMISAS 1928

CAMISA 1929

CAMISAS 1930

CAMISAS 1931

CAMISAS 1932

CAMISA 1933

CAMISA 1934

CAMISA 1935

CAMISAS 1936

185

A história das camisas da **S. E. PALMEIRAS** | CAMISAS | GOLEIROS

▶▶ CAMISAS
1937

▶▶ CAMISA
1938

▶▶ CAMISAS
1939

▶▶ CAMISA
1940

▶▶ CAMISAS
1941

▶▶ CAMISAS
1942

▶▶ CAMISA
1943

▶▶ CAMISA
1951

▶▶ CAMISA
1952

▶▶ CAMISA
1955

▶▶ CAMISA
1956

▶▶ CAMISA
1958

A história das camisas da S. E. PALMEIRAS — CAMISAS GOLEIROS

CAMISA 1959

CAMISA 1962

CAMISA 1963

CAMISAS 1965

CAMISA 1968

CAMISA 1969

CAMISA 1970

CAMISA 1971

CAMISAS 1972

CAMISAS 1973

A história das camisas da S. E. PALMEIRAS — CAMISAS GOLEIROS

CAMISAS 1974

CAMISAS 1975

CAMISAS 1976

CAMISAS 1977

A história das camisas da S. E. PALMEIRAS — CAMISAS GOLEIROS

adidas

CAMISAS 1978 A 1993

CAMISAS 1978

CAMISAS 1979

CAMISA 1980

CAMISAS 1981

A história das camisas da S. E. PALMEIRAS CAMISAS GOLEIROS

CAMISAS 1982

CAMISAS 1983

CAMISAS 1984

A história das camisas da S. E. PALMEIRAS CAMISAS | GOLEIROS

CAMISAS 1985

CAMISAS 1986

191

A história das camisas da S. E. PALMEIRAS — CAMISAS GOLEIROS

CAMISAS 1987

CAMISAS 1988

A história das camisas da S. E. PALMEIRAS — CAMISAS GOLEIROS

CAMISAS 1989

CAMISAS 1990

CAMISAS 1991

A história das camisas da S. E. PALMEIRAS — CAMISAS GOLEIROS

CAMISAS 1992

A história das camisas da S. E. PALMEIRAS — CAMISAS GOLEIROS

Rhumell — CAMISAS 1993 A 1995

CAMISAS 1993

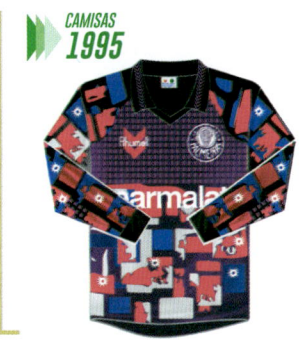

CAMISAS 1994

CAMISAS 1995

Reebok — CAMISAS 1996 A 1998

CAMISA 1996

CAMISAS 1997

A história das camisas da **S. E. PALMEIRAS** CAMISAS GOLEIROS

CAMISAS 1998

Rhumell CAMISAS **1999 A 2002**

CAMISAS 1999

A história das camisas da S. E. PALMEIRAS — CAMISAS GOLEIROS

CAMISAS 2000

CAMISAS 2001

CAMISAS 2002

A história das camisas da **S. E. PALMEIRAS** CAMISAS GOLEIROS

CAMISAS 2003 A 2005

CAMISAS 2003

CAMISAS 2004

CAMISAS 2005

A história das camisas da S. E. PALMEIRAS — CAMISAS GOLEIROS

adidas — CAMISAS 2006 A 2018

CAMISAS 2006

CAMISAS 2007

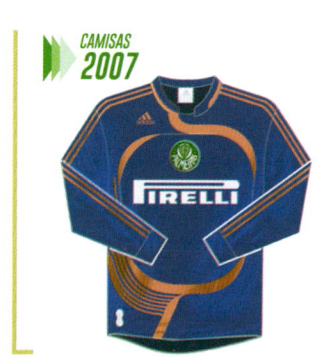

CAMISAS 2008

199

A história das camisas da **S. E. PALMEIRAS** CAMISAS GOLEIROS

CAMISAS 2009

CAMISAS 2010

200

A história das camisas da **S. E. PALMEIRAS** CAMISAS GOLEIROS

CAMISAS 2011

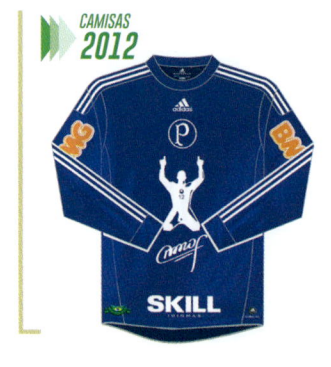

A história das camisas da **S. E. PALMEIRAS** — CAMISAS | GOLEIROS

CAMISAS 2012

A história das camisas da S. E. PALMEIRAS — CAMISAS GOLEIROS

CAMISAS 2013

A história das camisas da S. E. PALMEIRAS — CAMISAS GOLEIROS

CAMISAS 2014

CAMISAS 2015

A história das camisas da **S. E. PALMEIRAS** CAMISAS GOLEIROS

CAMISAS 2016

CAMISAS 2017

A história das camisas da S. E. PALMEIRAS — CAMISAS GOLEIROS

CAMISAS 2018

PUMA ▶ CAMISAS 2019

CAMISAS 2019

A história das camisas da **S. E. PALMEIRAS** CAMISAS | GOLEIROS

CAMISAS 2020

CAMISAS 2021

CAMISAS 2022

207

CAMISAS
TREINO / COMISSÃO

O advento da profissionalização dos fornecedores de materiais esportivos no final dos anos 70 levou o Palmeiras a disponibilizar camisas diferentes para jogos, treinos e viagens. A pesquisa compilou o material ao longo dos anos por meio do banco de imagens, em jornais e revistas, além do auxílio de colecionadores. Você vai acompanhar na sequência das páginas alguns uniformes criados em ilustrações a partir de referências fotográficas, trilhando uma linha cronológica dos anos e não dos modelos usados. Diferentemente das camisas de linha, algumas peças de treino estão disponibilizadas.

A história das camisas da **S. E. PALMEIRAS** TREINO COMISSÃO

CAMISAS ANOS 70

CAMISAS 1978 A 1993

CAMISAS ANOS 70

CAMISAS ANOS 80

CAMISAS 1983

A história das camisas da **S. E. PALMEIRAS** TREINO COMISSÃO

CAMISAS 1985

CAMISA 1986

CAMISAS 1990

CAMISAS 1992

CAMISA 1991

210

A história das camisas da S. E. PALMEIRAS TREINO | COMISSÃO

Rhumell — CAMISAS 1993 A 1996

CAMISAS 1993

A história das camisas da **S. E. PALMEIRAS** — TREINO / COMISSÃO

CAMISAS 1994

CAMISAS 1995

CAMISA 1996

A história das camisas da **S. E. PALMEIRAS** TREINO COMISSÃO

Reebok ▶▶ CAMISAS 1996 A 1999

▶▶ **CAMISAS 1996/97**

▶▶ **CAMISAS 1998/99**

A história das camisas da **S. E. PALMEIRAS** TREINO COMISSÃO

Rhumell ▶▶ CAMISAS **1999 A 2003**

▶ CAMISAS **1999**

214

A história das camisas da **S. E. PALMEIRAS** TREINO COMISSÃO

CAMISAS 2000

215

A história das camisas da **S. E. PALMEIRAS** TREINO COMISSÃO

CAMISAS 2001

A história das camisas da **S. E. PALMEIRAS** TREINO COMISSÃO

A história das camisas da **S. E. PALMEIRAS** TREINO COMISSÃO

CAMISAS 2002

CAMISAS 2003

A história das camisas da S. E. PALMEIRAS TREINO COMISSÃO

CAMISAS 2003 A 2005

CAMISAS 2003

CAMISAS 2004/05

219

A história das camisas da **S. E. PALMEIRAS** TREINO COMISSÃO

CAMISAS
2006 A 2018

CAMISAS 2006

CAMISA 2007

CAMISAS 2009

CAMISAS 2008

CAMISAS 2008 E 2010

A história das camisas da S. E. PALMEIRAS — TREINO | COMISSÃO

CAMISAS 2011

CAMISAS 2012

CAMISA 2013

CAMISAS 2014

A história das camisas da S. E. PALMEIRAS TREINO COMISSÃO

CAMISAS 2015

CAMISAS 2016

A história das camisas da **S. E. PALMEIRAS** TREINO   COMISSÃO

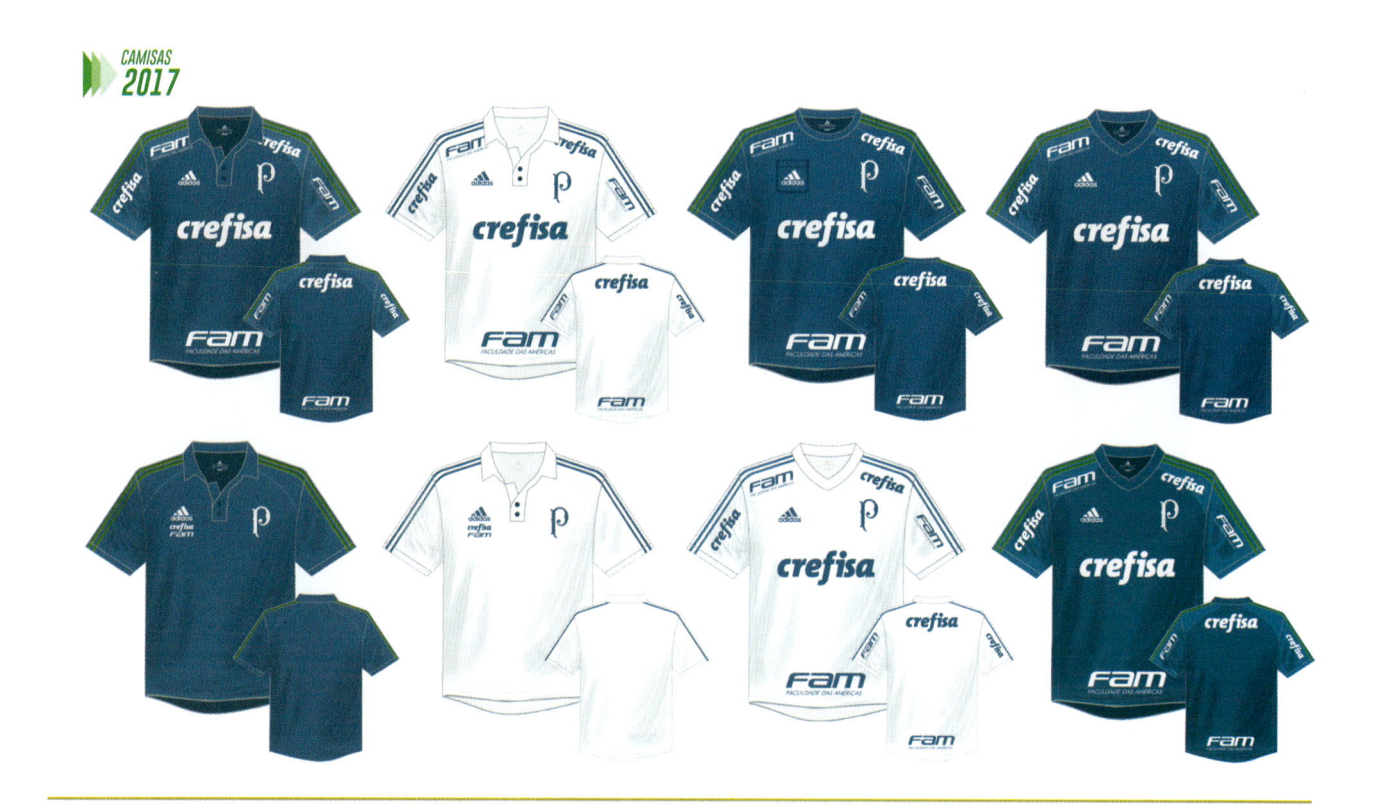

CAMISAS 2017

CAMISAS 2018

223

A história das camisas da S. E. PALMEIRAS — TREINO | COMISSÃO

PUMA — CAMISAS 2019

CAMISAS 2019

CAMISAS 2020

A história das camisas da S. E. PALMEIRAS — TREINO / COMISSÃO

CAMISAS 2021

A história das camisas da S. E. PALMEIRAS TREINO | COMISSÃO

CAMISAS 2022

UNIFORMES CAMPEÕES

Nenhum clube brasileiro colecionou tantas glórias e ostenta uma história tão vitoriosa quanto o Palmeiras. O "Campeão do Século 20" tem em sua sala de troféus taças nacionais e internacionais. Protagonista desde 1914, ano de sua fundação, o Verdão lidera o ranking elaborado por órgãos de imprensa e instituições respeitadas, como a Federação Paulista de Futebol, os jornais O Estado de S. Paulo, Folha de S. Paulo e a Revista Placar.

As duas Academias de Futebol, dos anos 60 e 70, foram marcadas por futebol elegante e técnico. Lembradas até hoje e buscadas eternamente por quem ama o esporte. Depois, nos anos 90, a Era Parmalat formou uma constelação de craques. Geração acostumada com vitórias memoráveis e jogo envolvente. Maior detentor de títulos nacionais (dez Brasileiros, quatro Copas do Brasil e uma Copa dos Campeões), o Palmeiras foi também o primeiro Campeão Mundial Interclubes da história. Ergueu o Mundial Interclubes em 1951 – ano da das Cinco Coroas: duas Taças Cidade de São Paulo, um Paulista, um Rio-São Paulo e a próprio Mundial.

Veja na sequência alguns uniformes campeões que foram usados nos jogos que decidiram o título.

A história das camisas da **S. E. PALMEIRAS** UNIFORMES CAMPEÕES

1915 Primeira TAÇA

1920 Campeonato PAULISTA

1926 Campeonato PAULISTA

O Palestra Italia teve adversários maiores do que os enfrentados dentro de campo. Além de ter de encarar os rivais, o clube foi vítima de preconceito por sua origem. Construído por imigrantes italianos, a instituição foi perseguida e quase teve de encerrar suas atividades prematuramente durante a Primeira Guerra Mundial. A paixão pelo esporte e o amor da sua torcida, no entanto, sempre foram mais fortes. A primeira partida oficial do "novo clube" foi disputada em 24 de janeiro de 1915. O Palestra Italia venceu o Sport Club Savoia, o primeiro adversário de sua história, por 2 a 0 e conquistou seu primeiro título, a Taça Savoia, oferecida pela equipe rival. A partida começou às 14h15, no Campo do Castelão, na atual cidade de Votorantim/SP, em Sorocaba/SP.

Partida Título: 24/01/1915 | Palestra Italia 2x0 S.C. Savoia/SP
Estádio: Castelões, Votorantim-SP
Escalação: Stillitano; Bonato e Fúlvio; Police, Bianco e Valle; Cavinato, Américo, Alegretti, Amilcar e Ferré.

Após anos de desenvolvimento, taças de menor expressão e dois vice-campeonatos paulistas, o jovem Palestra Italia conquistou em 1920 seu primeiro título de grande importância. E o melhor: ganhou do fortíssimo time do Paulistano, que dominava o futebol (vinha de três troféus estaduais consecutivos) e contava com o grande craque Arthur Friedenreich. O Alviverde jogou amistosos e participou de pequenos torneios até 1916, quando participou de seu primeiro Paulistão. Ficou em segundo lugar nas edições de 1917 e 1919. Finalmente conquistou a disputa em 1920 e de forma épica, mediante a um emocionante jogo extra.

Partida Título: 19/12/1920 | Palestra Italia 2x1 Paulistano/SP
Estádio: Chácara da Floresta, São Paulo-SP
Escalação: Primo; Bianco e Oscar; Bertolini, Picagli e Severino; Ministro, Mateus Forte, Heitor, Federici e Martinelli.

Após seu primeiro título paulista em 1920, o Palestra Italia amargou três vice-campeonatos e uma desistência em protesto contra arbitragens tendenciosas, mas sua segunda conquista veio de maneira especial – invicto e com 100% de aproveitamento. Não participando da edição de 1924, o Alviverde ficou na segunda colocação em 1921, 1922 e 1923. Em 1926, no entanto, o time comandado pelo experiente defensor Bianco despachou todos os adversários e venceu as nove partidas que disputou.

Partida Título: 13/02/1927 | Palestra Italia 1x0 Sírio/SP
Estádio: Palestra Italia, São Paulo-SP
Escalação: Primo; Bianco e Pepe; Xingo, Amilcar Barbuy e Serafini; Tedesco, Heitor, Miguelzinho, Carrazzo e Perillo.

A história das camisas da S. E. PALMEIRAS — UNIFORMES CAMPEÕES

1927 Campeonato PAULISTA

1932 Campeonato PAULISTA

1933 Torneio RIO-SÃO PAULO

Embalado pela conquista do Paulista de 1926, o Palestra Italia repetiu o feito na temporada seguinte e venceu, pela primeira vez em sua história, o bicampeão estadual. A vitória que garantiu o troféu ocorreu em plena Vila Belmiro e diante de um dos melhores times que o Santos/SP já montou – liderado por Araken Patusca e Feitiço, o ataque santista marcou 100 gols em 16 jogos, atingindo uma impressionante média de 6,25 tentos por partida. Mas nem esse poderio ofensivo foi capaz de superar a combinação entre a defesa comandada por Bianco e o ataque chefiado por Heitor.

Apesar de vencer os Campeonatos Paulistas de 1920, 1926 e 1927, a consolidação futebolística do Palestra Italia ocorreu mesmo nos anos 30, com um título do Rio-São Paulo e mais cinco troféus estaduais. A primeira dessas conquistas foi a de 1932, com direito a 100% de aproveitamento e maior goleada em clássicos diante do Santos/SP.

O final da década de 20 foi apreensiva para o Palestra Italia. A geração bicampeã paulista em 1926 e 1927 já não estava presente e, além da aposentadoria de Bianco, o clube acertou as transferências de Heitor (para o Americano-SP), Ministrinho (para a Juventus-ITA) e Serafini (para a Lazio). O lado positivo foi que, a partir das mudanças, entraram em cena os gols de Romeu Pellicciari e os desarmes de Junqueira. Assim, não demorou muito para o clube retomar a rotina de levantar troféus.

Partida Título: 04/03/1928 | Palestra Italia 3x2 Santos/SP
Estádio Vila Belmiro, Santos-SP
Escalação: Perth; Bianco e Miguel; Xingo, Goliardo e Serafini; Tedesco, Heitor, Armandinho, Lara e Perillo.

Partida Título: 20/11/1932 | Palestra Italia 3x0 Portuguesa/SP
Estádio da União Artística e Recreativa Cambuci, São Paulo-SP
Escalação: Nascimento; Loschiavo e Junqueira; Tunga, Goliardo e Adolfo; Avelino, Sandro, Romeu Pellicciari, Lara e Gino Imparato.

Partida Título: 10/12/1933 | Palmeiras 2x1 Fluminense/RJ
Estádio Palestra Italia, São Paulo-SP
Escalação: Nascimento; Carnera e Junqueira; Tunga, Dula e Tuffy; Avelino, Gabardo, Romeu Pellicciari, Lara e Imparato.
Técnico: Humberto Cabelli

A história das camisas da **S. E. PALMEIRAS** UNIFORMES CAMPEÕES

1933 Campeonato PAULISTA

1934 Campeonato PAULISTA

1936 Campeonato PAULISTA

O quinto Campeonato Paulista do Palestra, o segundo em sequência, ficou marcado por ser o primeiro da era profissional do futebol. Com jogos que valiam pontos tanto para o torneio estadual quanto para o Rio-São Paulo, o Verdão foi campeão vencendo o São Paulo da Floresta. E ainda aplicou a maior goleada da história dos clássicos diante do Corinthians/SP.

No mesmo dia no qual completou 20 anos de fundação, o Palestra Italia venceu o Atlético Paulista na penúltima rodada do campeonato estadual e entrou para o seleto grupo de times que conseguiram conquistar três títulos paulistas em sequência, ao lado de São Paulo Athletic, Paulistano e Corinthians/SP. Mantendo a base dos anos anteriores e se reforçando com os irmãos Aymoré e Zezé Moreira, o clube conquistou o sexto Paulistão de sua história.

Na primeira final estadual envolvendo Palestra e Corinthians, os italianos levaram a melhor em uma disputa de três jogos. Com duas vitórias e um empate, o Verdão conquistou o sétimo Paulistão de sua história, o quarto em cinco anos (1932, 1933, 1934 e 1936). Novamente rachado, o torneio teve duas ligas disputadas de forma paralela: uma patrocinada pela Confederação Brasileira de Desportos (CBD, atual CBF) e outra dissidente, apoiada pela Federação Brasileira de Futebol.

Partida Título: 2/11/1933 | Palmeiras 1x0 São Paulo da Floresta/SP
Estádio Palestra Italia, São Paulo-SP
Escalação: Nascimento; Carnera e Junqueira; Tunga, Dula e Tuffy; Avelino, Elísio Gabardo, Romeu Pellicciari, Lara e Gino Imparato. Técnico: Humberto Cabelli.

Partida Título: 26/08/1934 | Palestra Italia 3x1 Atlético Paulista/SP
Estádio Antônio Alonso, São Paulo-SP
Escalação: Aymoré; Carnera e Junqueira; Zezé Moreira, Dula e Tuffy; Álvaro, Elísio Gabardo, Romeu Pellicciari (Gutierrez), Lara e Vicente. Técnico: Humberto Cabelli.

Partida Título: 09/05/1937 | Palestra Italia 2x1 Corinthians/SP
Estádio Palestra Italia, São Paulo-SP
Escalação: Jurandyr; Carnera e Begliomini; Tunga, Dula e Del Nero; Frederico, Luizinho, Niginho, Moacyr e Gino Imparato. Técnico: Matturio Fabbi.

A história das camisas da S. E. PALMEIRAS — UNIFORMES CAMPEÕES

1938 Campeonato PAULISTA EXTRA

O Palestra Italia venceu o Corinthians/SP na final da edição extra do Campeonato Paulista em 1938, torneio realizado pela LFESP (Liga de Futebol do Estado de São Paulo), entidade associada da CBD e organizadora do estadual do mesmo ano, que teve como intuito manter as equipes em atividade. O Paulistão ficou quase seis meses paralisado em virtude da Copa do Mundo. Foi o bicampeonato Extra do clube, que havia vencido o Sírio por 1 a 0 na final da primeira edição disputada em 1926.

Partida Título: 18/09/1938 | Palestra Italia 2x1 Corinthians/SP
Estádio Palestra Italia, São Paulo-SP
Escalação: Jurandyr; Carnera e Junqueira (Begliomini); Ruiz, Goliardo e Del Nero; Filó, Luizinho Mesquita, Barrilote, Rolando e Mathias III. Técnico: Ramón Platero.

1940 Campeonato PAULISTA

Ao vencer o São Paulo/SP por 4 a 1, o Palestra conquistou seu oitavo torneio estadual e o primeiro da história do Pacaembu, local onde o Verdão foi o protagonista na inauguração e até hoje é o principal vencedor. Na primeira partida do novo campo, um triunfo sobre Coritiba/PR por 6 a 2. Na semana seguinte, um 2 a 1 no Corinthians/SP garantiu o primeiro troféu do estádio, a Taça Cidade de São Paulo. Depois deste, foram mais quase 30 títulos no local, com destaque para três Torneios Rio-São Paulo, três Campeonatos Brasileiros e sete Paulistas.

Partida Título: 08/12/1940 | Palestra Italia 4x1 São Paulo/SP
Estádio do Pacaembu, São Paulo-SP
Palestra Italia: Gijo; Carnera e Junqueira; Garro, Oliveira e Del Nero; Luizinho Mesquita, Canhoto, Echevarrieta, Lima e Pipi. Técnico: Caetano de Domenico.

1942 Campeonato PAULISTA

Em meio à Segunda Guerra Mundial e às fortes pressões políticas exercidas tanto pela opinião pública quanto pelo presidente Getúlio Vargas, os atletas palestrinos foram obrigados a superar todas as dificuldades fora de campo para faturar o 9º título estadual da história do clube, justamente sobre o São Paulo/SP, agremiação que mais incentivou a perseguição aos italianos. Em menos de um ano, o Palestra Italia foi obrigado a mudar de nome duas vezes e quase perdeu seu próprio estádio, mas nem assim o talento e a valentia do time de Oberdan, Junqueira, Og Moreira, Echevarrieta e companhia foi superado.

Partida Título: 20/09/1942 | Palmeiras 3x1 São Paulo/SP
Estádio do Pacaembu, São Paulo-SP
Escalação: Oberdan; Junqueira e Begliomini; Zezé Procópio, Og Moreira e Del Nero; Cláudio, Waldemar Fiúme, Villadoniga, Lima e Echevarrieta. Técnico: Del Debbio.

A história das camisas da S. E. PALMEIRAS — UNIFORMES CAMPEÕES

1944 Campeonato PAULISTA

Repetindo o feito da Arrancada Heroica, o Palmeiras se sagrou campeão estadual em 1944 após uma vitória sobre o São Paulo/SP. Nem a controversa ausência do médio Dacunto foi suficiente para frear o esquadrão alviverde. Foi o 10º título paulista do Verdão e o quarto sobre os são paulinos – como nos anos de 1933 (Palestra Italia 1x0 São Paulo da Floresta), 1940 (Palestra Italia 4x1 São Paulo) e 1942 (Palmeiras 3x1 São Paulo).

Partida Título: 17/09/1944 | Palmeiras 3x1 São Paulo/SP
Estádio do Pacaembu, São Paulo-SP
Escalação: Oberdan; Caieira e Junqueira; Og Moreira, Waldemar Fiúme e Gengo; González, Lima, Caxambu, Villadoniga e Jorginho. Técnico: Ventura Cambon.

1947 Campeonato PAULISTA

O título paulista de 1947 ficou marcado por ser o primeiro de muitos conquistados pelo técnico recordista de vitórias pelo clube, o mito Oswaldo Brandão. Com quase 350 triunfos à frente do time palestrino, 17 deles neste Paulista, o comandante faturou o 11º estadual da história alviverde e, pela segunda vez, a conquista esmeraldina foi sobre os santistas, repetindo o feito de 1927.

Partida Título: 28/12/1947 | Palmeiras 2x1 Santos/SP
Estádio Vila Belmiro, Santos-SP
Escalação: Oberdan; Caieira e Turcão; Zezé Procópio, Túlio e Waldemar Fiúme; Lula, Arturzinho, Oswaldinho, Lima e Canhotinho. Técnico: Oswaldo Brandão.

1950 Campeonato PAULISTA

Faturando a segunda das Cinco Coroas, o Palmeiras foi campeão estadual pela 12ª vez e novamente sobre o São Paulo/SP, repetindo as conquistas de 1933 (Palestra Italia 1x0 São Paulo da Floresta), 1940 (Palestra Italia 4x1 São Paulo), 1942 (Palmeiras 3x1 São Paulo) e 1944 (Palmeiras 3x1 São Paulo). Os são-paulinos estavam praticamente com o tricampeonato inédito em mãos, porém uma série de tropeços, a liderança de Jair Rosa Pinto e um heroico gol do atacante Achilles levaram o Verdão ao título.

Partida Título: 28/01/1951 | Palmeiras 1x1 São Paulo/SP
Estádio do Pacaembu, São Paulo-SP
Escalação: Oberdan; Turcão e Oswaldo; Waldemar Fiúme, Luiz Villa e Sarno; Lima, Canhotinho, Achilles, Jair Rosa Pinto e Rodrigues. Técnico: Ventura Cambon.

A história das camisas da S. E. PALMEIRAS — UNIFORMES CAMPEÕES

▶ 1951 Torneio RIO-SÃO PAULO

▶ 1951 Mundial INTERCLUBES

▶ 1959 Campeonato PAULISTA

A conquista do Torneio Rio-São Paulo de 1951 representou o terceiro título de um total de cinco vencidos em sequência e que ficaram conhecidos como as cinco coroas – Taça Cidade de São Paulo de 1950, Campeonato Paulista de 1950, Rio-São Paulo de 1951, Taça Cidade de São Paulo de 1951 e Mundial Interclubes de 1951. E essa terceira coroa teve um gosto mais do que especial porque foi conquistada diante do maior rival.

Em uma das eras mais vitoriosas da história alviverde, o Palmeiras encerrou a década de 40 e iniciou os anos 50 com uma sequência de cinco títulos consecutivos, sendo que o último e mais importante deles foi o Mundial Interclubes de 1951. Em dois jogos, o Verdão se sagrou campeão após uma vitória e um empate diante da Juventus de Turim. Com o aval da FIFA, a competição foi organizada pela CBD (atual CBF) e contou com as participações do Estrela Vermelha (da antiga Iugoslávia, atualmente Sérvia), do Áustria Viena (da Áustria), do Nacional (do Uruguai), do Nice (da França), do Sporting (de Portugal) e do Vasco da Gama, campeão carioca de 1950, além dos finalistas Palmeiras e Juventus/ITA.

Após oito anos sem festejar um título oficial, a torcida palmeirense lotou o Estádio do Pacaembu para testemunhar a histórica vitória do Verdão sobre o Santos/SP, de Pelé, no terceiro jogo extra da decisão do Paulistão de 1959. As finais tiveram tanta qualidade técnica e equilíbrio que renderam ao torneio o apelido de Supercampeonato Paulista. Com dois empates e uma vitória, o Alviverde comemorou sua 13ª conquista estadual.

Partida Título: 11/04/1951 | Palmeiras 3x1 Corinthians/SP
Estádio do Pacaembu, São Paulo-SP
Escalação: Oberdan; Salvador e Oswaldo; Waldemar Fiúme, Luiz Villa e Dema; Lima, Aquiles, Liminha, Jair Rosa Pinto e Rodrigues. Técnico: Ventura Cambon.

Partida Título: 22/07/1951 | Palmeiras 2x2 Juventus/ITA
Estádio do Maracanã, Rio de Janeiro-RJ
Escalação: Fábio Crippa; Salvador e Juvenal; Túlio, Luiz Villa e Dema; Lima, Ponce de León (Canhotinho), Liminha, Jair Rosa Pinto e Rodrigues. Técnico: Ventura Cambon

Partida Título: 10/01/1960 | Palmeiras 2x1 Santos/SP
Estádio do Pacaembu, São Paulo-SP
Escalação: Valdir de Moraes; Djalma Santos, Valdemar Carabina, Aldemar e Geraldo Scotto; Zequinha e Chinesinho; Julinho Botelho, Américo, Romeiro e Nardo. Técnico: Oswaldo Brandão.

A história das camisas da S. E. PALMEIRAS — UNIFORMES CAMPEÕES

▶ 1960 Taça BRASIL

A conquista do Campeonato Paulista de 1959 rendeu ao Palmeiras o direito de participar do Campeonato Brasileiro de 1960, conhecido também como Taça Brasil e cuja primeira edição havia sido realizada no ano anterior. A competição reuniu 17 campeões estaduais, que se enfrentaram em sistema eliminatório de ida e volta. O Verdão ganhou seu primeiro título nacional ao vencer o Fortaleza/CE por 8 a 2 no Pacaembu.

Partida Título: 28/12/1960 | Palmeiras 8x2 Fortaleza/CE
Estádio Pacaembu, São Paulo-SP
Escalação: Valdir; Djalma Santos, Valdemar Carabina, Aldemar e Jorge; Zequinha e Chinesinho; Julinho Botelho, Romeiro, Humberto e Cruz. Técnico: Oswaldo Brandão.

▶ 1963 Campeonato PAULISTA

O Campeonato Paulista de 1963 foi o primeiro título de uma geração que ficaria conhecida como Academia de Futebol – apelido dado por causa da cadência de jogo e do talento dentro de campo. Verdadeiras aulas de como se deve praticar o esporte. O esquadrão alviverde foi o único capaz de impedir o decacampeonato estadual do Santos/SP de Pelé entre 1960 a 1969. Além deste título de 1963, ainda faturou outro Paulistão, um Torneio Rio-São Paulo e três Campeonatos Brasileiros.

Partida Título: 11/12/1963 | Palmeiras 3x0 Noroeste/SP
Estádio do Pacaembu, São Paulo
Escalação: Picasso; Djalma Santos, Djalma Dias e Vicente; Zequinha e Valdemar Carabina; Julinho Botelho, Servílio, Vavá, Ademir de Guia e Gildo. Técnico: Sílvio Pirilo.

▶ 1965 Torneio RIO-SÃO PAULO

A conquista do terceiro Torneio Rio-São Paulo da história do Palmeiras representou o primeiro título interestadual da Academia, um conceito de jogar que encantou os espectadores. Composto por duas gerações, os times tiveram em comum a batuta do divino maestro Ademir da Guia. Sendo que, nesse campeonato, a Primeira Academia varreu os adversários, tendo a melhor defesa, o melhor ataque e o artilheiro.

Partida Título: 23/05/1965 | Palmeiras 3x0 Botafogo/RJ
Estádio do Pacaembu, São Paulo-SP
Escalação: Valdir; Djalma Santos (Nélson), Djalma Dias, Valdemar Carabina e Geraldo Scotto; Dudu (Germano) e Ademir da Guia; Gildo, Servílio, Tupãzinho (Dario) e Rinaldo. Técnico: Filpo Núñez

A história das camisas da **S. E. PALMEIRAS** UNIFORMES CAMPEÕES

▶ 1966 Campeonato PAULISTA

▶ 1967 Torneio Roberto GOMES PEDROSA

▶ 1967 Taça BRASIL

A primeira geração da Academia de Futebol já tinha vencido o Paulistão de 1963 e o Rio-São Paulo de 1965 antes de faturar mais um campeonato estadual, desta vez em 1966, e impedir um novo tri do Santos (a equipe da Baixada havia sido campeã em 1960, 1961, 1962, 1964 e 1965). Com um Ademir da Guia mais experiente, o Palmeiras conquistou seu 15º Paulistão e, com isso, se tornou o maior vencedor da história do torneio.

A vitória por 2 a 1 frente ao Grêmio/RS, na noite do dia 8 de junho de 1967, representou a primeira conquista no âmbito nacional da famosa Academia de Futebol do Palmeiras. Com sólida base formada de atletas do calibre de Djalma Santos, Minuca, Ferrari, Dudu, Ademir da Guia, Servílio e César Maluco, o Verdão jogou com elegância e dominou o país no ano de 1967.

A temporada de 1967 foi marcante para a consolidação da Primeira Academia de Futebol do Palmeiras como um dos mais fantásticos times da história. Só naquele ano foram dois títulos brasileiros. O segundo conquistado em dezembro, com a equipe comandada por Mário Travaglini. Diferente do Torneio Roberto Gomes Pedrosa, realizado no primeiro semestre, a Taça Brasil foi disputada em sistema eliminatório, composta apenas pelo atual campeão e pelos vencedores dos estaduais de 1966. Indicando os representantes do Brasil na Taça Libertadores da América do ano seguinte.

Partida Título: 07/12/1966 | Palmeiras 5x1 Comercial/SP
Estádio Palma Travassos, Ribeirão Preto-SP
Escalação: Valdir de Moraes; Djalma Santos, Djalma Dias, Minuca e Ferrari; Zequinha e Ademir da Guia; Gallardo, Servílio, Ademar Pantera e Rinaldo. Técnico: Mário Travaglini.

Partida Título: 08/06/1967 | Palmeiras 2x1 Grêmio/RS
Estádio do Pacaembu, São Paulo-SP
Escalação: Perez; Djalma Santos, Baldocchi, Minuca e Ferrari; Dudu e Ademir da Guia; Dario (Zico), Servílio, César e Tupãzinho (Rinaldo). Técnico: Aymoré Moreira.

Partida Título: 29/12/1967 | Palmeiras 2x0 Náutico/PE
Estádio do Maracanã, Rio de Janeiro-RJ
Escalação: Perez; Geraldo Escalera, Baldocchi, Minuca e Ferrari; Dudu e Zequinha; César Maluco, Ademir da Guia, Tupãzinho e Lula. Técnico Mário Travaglini.

A história das camisas da **S. E. PALMEIRAS** UNIFORMES CAMPEÕES

1972 Campeonato PAULISTA

1972 Campeonato BRASILEIRO

1973 Campeonato BRASILEIRO

A renovação de atletas mais experientes por jovens promessas não mudou o estilo de jogo cadenciado e ofensivo da Academia de Futebol do Palmeiras, mantendo a qualidade e o protagonismo da equipe mesmo durante a transição de gerações. Entre esse título estadual e o de 1966, a troca foi grande – Valdir de Moraes deu lugar a Émerson Leão no gol, Djalma Santos e Ferrari deixaram as laterais para as entradas de Eurico e Zeca. Enquanto, no ataque, Julinho Botelho, Servílio, Ademar Pantera e Rinaldo passaram o posto para Edu Bala, Leivinha, César Maluco e Nei.

Com mudanças em relação ao time da Primeira Academia de Futebol da década de 1960, Ademir da Guia e Leivinha comandaram o primeiro título nacional da segunda era de craques. Que, assim como a primeira, encantou até torcedores dos principais rivais. Ademir e César Maluco mantiveram a regularidade. Leivinha chegou comendo a bola. Leão, Eurico, Luís Pereira, Alfredo Mostarda, Zeca, Edu Bala e Nei se tornaram unanimidades. Em 30 jogos do Brasileiro, o Verdão só vivenciou a derrota em quatro oportunidades. Foi a quinta vez que a Sociedade Esportiva Palmeiras conquistou o país.

O empate frente ao São Paulo/SP, já no início de 1974, rendeu à Segunda Academia de Futebol do Palmeiras o último título nacional de sua era e o sexto da história do clube. A brilhante geração que se formou no final da década de 1960 comemorou sua segunda conquista nacional de forma consecutiva, tendo uma das melhores defesas da história, com uma média de apenas 0,3 gols sofridos por jogo.

Partida Título: 03/09/1972 | Palmeiras 0x0 São Paulo/SP
Estádio do Pacaembu, São Paulo-SP
Escalação: Leão; Eurico, Luís Pereira, Alfredo Mostarda e Zeca; Dudu (Madurga) e Ademir da Guia; Edu Bala (Fedato), Leivinha, César Maluco e Nei. Técnico: Oswaldo Brandão.

Partida Título: 23/12/1972 | Palmeiras 0x0 Botafogo/RJ
Estádio do Morumbi, São Paulo-SP
Escalação: Leão; Eurico, Luís Pereira, Alfredo Mostarda e Zeca; Dudu (Zé Carlos) e Ademir da Guia; Edu (Ronaldo), Madurga, Leivinha e Nei. Técnico: Oswaldo Brandão.

Partida Título: 20/02/1974 | Palmeiras 0x0 São Paulo/SP
Estádio do Morumbi, São Paulo-SP
Escalação: Leão; Eurico, Luís Pereira, Alfredo Mostarda e Zeca; Dudu e Ademir da Guia; Ronaldo, Leivinha, César Maluco e Nei. Técnico: Oswaldo Brandão.

A história das camisas da **S. E. PALMEIRAS** UNIFORMES CAMPEÕES

▶ 1974 Campeonato PAULISTA

▶ 1976 Campeonato PAULISTA

▶ 1993 Campeonato PAULISTA

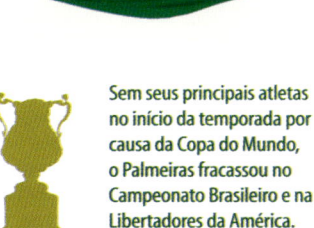

Sem seus principais atletas no início da temporada por causa da Copa do Mundo, o Palmeiras fracassou no Campeonato Brasileiro e na Libertadores da América. Mas quando os craques voltaram, o clube faturou mais um Paulistão e aumentou o jejum do Corinthians/SP que já durava quase 20 anos. Servindo a seleção brasileira, Leão, Luís Pereira, Alfredo Mostarda, Ademir da Guia, Levinha e César Maluco desfalcaram o Verdão durante boa parte do ano, mas chegaram a tempo de calar o Morumbi com mais de 100 mil corintianos.

Muitas vezes lembrado como o último título de Ademir da Guia e a derradeira conquista da Academia, o título estadual de 1976, entretanto, merece outros destaques. Como, por exemplo, os 28 jogos disputados com apenas uma única derrota, o recorde de público do Estádio Palestra Italia ou os primorosos lances protagonizados por Divino e companhia.

A parceria firmada com a multinacional Parmalat um ano antes rendeu seu primeiro grande fruto logo diante do maior rival. Após contratações de peso, o Verdão formou uma verdadeira seleção e faturou o troféu estadual de 1993, quebrando um tabu de quase 17 anos de sofrimento. Mazinho e Zinho foram adquiridos em 1992. Antônio Carlos, Roberto Carlos e Edmundo chegaram em 1993. Eles se juntaram a Velloso, César Sampaio e Evair, formando um time quase imbatível. Pior para o Corinthians/SP.

Partida Título: 22/12/1974 | Palmeiras 1x0 Corinthians/SP
Estádio do Morumbi, São Paulo-SP
Escalação: Leão; Jair Gonçalves, Luís Pereira, Alfredo Mostarda e Zeca; Dudu e Ademir da Guia; Edu Bala, Leivinha, Ronaldo e Nei. Técnico: Oswaldo Brandão.

Partida Título: 18/08/1976 | Palmeiras 1x0 XV de Piracicaba/SP
Estádio Palestra Italia, São Paulo-SP
Escalação: Leão; Valdir, Samuel, Arouca e Ricardo Longhi; Pires e Ademir da Guia; Edu Bala, Jorge Mendonça, Toninho e Nei. Técnico: Dudu.

Partida Título: 12/06/1993 | Palmeiras 4x0 Corinthians/SP
Estádio do Morumbi, São Paulo-SP
Escalação: Sérgio; Mazinho, Antônio Carlos, Tonhão e Roberto Carlos; César Sampaio, Daniel Frasson, Edilson (Jean Carlo) e Zinho; Edmundo e Evair (Alexandre Rosa). Técnico: Vanderlei Luxemburgo.

A história das camisas da **S. E. PALMEIRAS** UNIFORMES CAMPEÕES

1993 Torneio RIO-SÃO PAULO

1993 Campeonato BRASILEIRO

1994 Campeonato PAULISTA

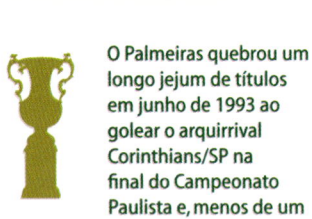

O Palmeiras quebrou um longo jejum de títulos em junho de 1993 ao golear o arquirrival Corinthians/SP na final do Campeonato Paulista e, menos de um mês depois, repetiu a dose, vencendo novamente o maior rival, mas agora na decisão do Torneio Rio-São Paulo. O time se tornou uma verdadeira máquina de conquistar títulos.

Colhendo os primeiros frutos dos investimentos da multinacional Parmalat, o Palmeiras encerrou em 1993 um jejum de quase 20 anos sem títulos nacionais – o último havia sido em 1973, com a Segunda Academia. A parceria ítalo-brasileira firmada um ano antes financiou as conquistas do Campeonato Paulista e do Torneio Rio-São Paulo de 1993. Porém, no âmbito nacional, esse Brasileirão foi o primeiro título. A temporada começou com os reforços de Antônio Carlos e Roberto Carlos para a defesa, além de Edmundo e Edílson para o ataque. Aliados a este quarteto, Mazinho, César Sampaio, Zinho e Evair formaram um time quase perfeito.

Mantendo a base do título estadual de 1993, o Palmeiras não teve dificuldades para se tornar bicampeão na temporada seguinte, desta vez no sistema de pontos corridos. Com o reforço do colombiano Rincón, o time de Roberto Carlos, César Sampaio, Mazinho, Zinho, Evair, Edmundo e companhia iniciou o ano de 1994 ainda mais forte e favorito a novas conquistas.

Partida Título: 07/08/1993 | Palmeiras 0x0 Corinthians/SP
Estádio do Pacaembu, São Paulo-SP
Escalação: Sérgio; Cláudio, Tonhão, Alexandre Rosa e Roberto Carlos; César Sampaio, Amaral e Flávio Conceição (Paulo Sérgio); Edílson, Maurílio e Jean Carlo. Técnico: Vanderlei Luxemburgo.

Partida Título: 19/12/1993 | Palmeiras 2x0 Vitória/BA
Estádio do Morumbi, São Paulo-SP
Escalação: Sérgio; Gil Baiano, Antônio Carlos, Cléber (Tonhão) e Roberto Carlos; César Sampaio, Mazinho, Edílson e Zinho; Edmundo e Evair (Sorato). Técnico: Vanderlei Luxemburgo.

Partida Título: 12/05/1994 | Palmeiras 1x0 Santo André/SP
Estádio Bruno José Daniel, Santo André-SP
Escalação: Fernández; Cláudio, Tonhão (Alexandre Rosa), Ricardo (Amaral) e Roberto Carlos; César Sampaio, Rincón, Mazinho e Zinho; Edílson e Evair. Técnico: Vanderlei Luxemburgo.

A história das camisas da S. E. PALMEIRAS — UNIFORMES CAMPEÕES

1994 Campeonato BRASILEIRO

Igualando o feito da Segunda Academia, o Palmeiras, em 1994, conquistou o país pela segunda vez consecutiva, mas agora o gosto era ainda mais especial – o finalista derrotado foi o Corinthians/SP. Após o tabu de mais de uma década sem títulos ser superado um ano antes, o Verdão chegou ao Brasileirão de 1994 com o status de bicampeão paulista e atual vencedor nacional.

Partida Título: 18/12/1994 | Palmeiras 1x1 Corinthians/SP
Estádio do Pacaembu, São Paulo-SP
Escalação: Velloso; Cláudio, Antônio Carlos, Cléber e Wágner; César Sampaio, Flávio Conceição (Amaral), Zinho e Rivaldo; Edmundo (Tonhão) e Evair. Técnico: Vanderlei Luxemburgo.

1996 Campeonato PAULISTA

O Palmeiras mudou bastante em dois anos – Zinho, Edílson, Evair e Edmundo deram lugar a Djalminha, Rivaldo, Müller e Luizão. No comando técnico, Vanderlei Luxemburgo saiu do clube no início da temporada de 1995. Mas voltou em novembro, treinando o ataque que marcou 102 vezes em 30 jogos, alcançando 83 pontos de 90 possíveis. O aproveitamento de 92,2% é o melhor na história da era profissional do Campeonato Paulista.

Partida Título: 02/06/1996 | Palmeiras 2x0 Santos
Estádio Palestra Italia, São Paulo-SP
Escalação: Velloso; Cafu, Sandro Blum, Cléber (Cláudio) e Júnior (Elivélton); Amaral (Marquinhos), Galeano, Djalminha e Rivaldo; Müller e Luizão. Técnico: Vanderlei Luxemburgo.

1998 Copa do BRASIL

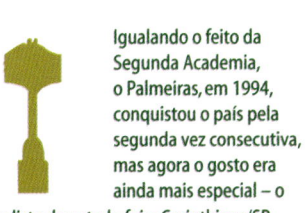

Após uma década de 80 frustrada, o Palmeiras voltou ao protagonismo nacional nos anos 90, vencendo três Campeonatos Paulistas (1993, 1994 e 1996), um Torneio Rio-São Paulo (1993), dois Campeonatos Brasileiros (1993 e 1994) e a Copa do Brasil de 1998, diante do Cruzeiro/MG. Depois de perder o primeiro jogo no Mineirão, o Verdão faturou o título com um belo passe de Oséas para Paulo Nunes, logo no início da partida, estufar as redes do goleiro Paulo César. Aos 44 minutos da etapa final, quando tudo indicava que o desfecho seria nos pênaltis, um chute sem ângulo do predestinado baiano dono da camisa 9 explodiu os palestrinos presentes no Estádio do Morumbi.

Partida Título: 30/05/1998 | Palmeiras 2x0 Cruzeiro/MG
Estádio do Morumbi, São Paulo-SP
Escalação: Velloso; Neném, Roque Júnior, Cléber e Júnior; Galeano, Rogério, Alex (Arílson) e Zinho; Paulo Nunes (Almir) e Oséas (Pedrinho). Técnico: Luiz Felipe Scolari.

A história das camisas da S. E. PALMEIRAS — UNIFORMES CAMPEÕES

▶ 1998 Copa MERCOSUL

Campeão da Copa do Brasil em maio e, assim, garantido na Taça Libertadores de 1999, o Palmeiras foi um dos 20 times convidados (os critérios utilizados foram a importância e a tradição) para a disputa da primeira edição da Copa Mercosul. Encarou o Cruzeiro/MG na decisão, equipe que o Verdão já tinha derrotado na final da Copa do Brasil do mesmo ano. No primeiro jogo, no Mineirão, a Raposa venceu por 2 a 1, no único revés da equipe na competição. Na segunda partida, no Parque Antarctica, 3 a 1 para o Palmeiras, o que forçou o terceiro confronto. E com gol do lateral paraguaio Arce, aos 17 do segundo tempo, único do jogo, levantou a taça.

Partida Título: 29/12/1998 | Palmeiras 1 x 0 Cruzeiro/MG
Estádio Palestra Italia, São Paulo-SP
Escalação: Velloso; Arce, Júnior Baiano, Roque Júnior e Júnior; Tiago, Rogério, Alex (Almir) e Zinho (Agnaldo); Paulo Nunes e Oséas (Pedrinho). Técnico: Luiz Felipe Scolari.

▶ 1999 Taça LIBERTADORES

A espera foi longa pela Taça Libertadores da América. O Verdão bateu na trave ao ser vice-campeão em 1961 (ano em que se tornou o primeiro time do país a disputar uma final continental) e 1968. Nas décadas seguintes, apesar de ter sido o clube brasileiro que mais vezes participou da competição, o título ainda era um tabu. Mas tudo acabou em 1999. Naquele ano, o Verdão faturou, finalmente, o único título que faltava em sua galeria. A triunfante parceria com a multinacional Parmalat atingia seu ponto máximo, finalizando com chave de ouro um projeto inovador iniciado sete anos antes. Nascia São Marcos, iluminado guardião do gol alviverde e último jogador da história a vestir apenas a camisa do Palmeiras durante toda a carreira.

Partida Título: 16/06/1999 | Palmeiras (4)2x1(3) Deportivo Cali/COL
Estádio Palestra Italia, São Paulo-SP
Escalação: Marcos; Arce (Evair), Júnior Baiano, Roque Júnior e Júnior; César Sampaio, Rogério, Zinho e Alex (Euller); Paulo Nunes e Oséas. Técnico: Luiz Felipe Scolari..

▶ 2000 Torneio RIO-SÃO PAULO

No último ano da parceria com a multinacional Parmalat, o Palmeiras conquistou mais um Rio-São Paulo, o quinto em sua história, colocando o clube no topo da lista de maiores campeões desse tão tradicional torneio. A vitória frente ao Vasco/RJ, na final, também serviu para reerguer o moral do time, que vinha abatido após os vices mundial e da Copa Mercosul no final de 1999. O título ainda qualificou o Verdão para a disputa da Copa dos Campeões, disputada meses depois e também vencida pelo clube.

Partida Título: 01/03/2000 | Palmeiras 4x0 Vasco/RJ
Estádio do Morumbi, São Paulo-SP
Escalação: Marcos; Arce, Argel, Roque Júnior e Júnior (Tiago Silva); Galeano, César Sampaio, Rogério e Alex; Pena (Asprilla) e Euller (Jackson). Técnico: Luiz Felipe Scolari.

240

A história das camisas da S. E. PALMEIRAS — UNIFORMES CAMPEÕES

2000 Copa dos CAMPEÕES

A Copa dos Campeões teve a sua primeira edição em 2000 e reuniu os vencedores dos principais estaduais e interestaduais do ano, visando determinar um dos quatro representantes brasileiros na Taça Libertadores da América de 2001. O título foi o último da Era Parmalat, parceria firmada em 1992 com a multinacional italiana e que ajudou o clube a conquistar pelo menos 11 roféus de grande importância, como o bicampeonato brasileiro (1993 e 1994) e a Libertadores (1999).

Partida Título: 25/07/2000 | Palmeiras 2x1 Sport/PE
Estádio Rei Pelé, Maceió-AL
Escalação: Sérgio; Neném, Paulo Turra, Agnaldo e Jorginho; Fernando, Taddei, Juninho Paulista e Asprilla; Alberto (Titi) e Basílio (Adriano). Técnico: Flávio Teixeira.

2008 Campeonato PAULISTA

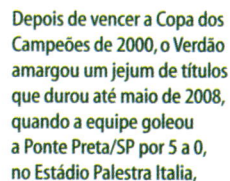

Depois de vencer a Copa dos Campeões de 2000, o Verdão amargou um jejum de títulos que durou até maio de 2008, quando a equipe goleou a Ponte Preta/SP por 5 a 0, no Estádio Palestra Italia, registrando a maior diferença de gols em uma final de Paulistão na era do profissionalismo. Vanderlei Luxemburgo, tricampeão estadual pelo próprio Palmeiras e comandante na última conquista Paulista em 1996, foi o responsável por guiar os atletas.

Partida Título: 04/05/2008 | Palmeiras 5x0 Ponte Preta/SP
Estádio Palestra Italia, São Paulo-SP
Escalação: Marcos (Diego Cavalieri); Élder Granja, Gustavo, Henrique e Leandro; Pierre, Martinez, Diego Souza e Valdivia; Kléber (Denilson) e Alex Mineiro (Lenny). Técnico: Vanderlei Luxemburgo.

2012 Copa do BRASIL

Quebrando um jejum de mais de dez anos sem títulos nacionais, Luiz Felipe Scolari e seus comandados conquistaram, em julho de 2012, a segunda Copa do Brasil da história do Palmeiras. Após a conquista da Copa dos Campeões em 2000, a torcida palestrina só comemorou um Campeonato Paulista em 2008 até a cabeçada de Betinho, na final contra o Coritiba/PR, quebrar essa escrita.

Partida Título: 11/07/2012 | Palmeiras 1x1 Coritiba/PR
Estádio Couto Pereira, Curitiba-PR
Escalação: Bruno; Artur, Maurício Ramos, Thiago Heleno (Leandro Amaro) e Juninho; Henrique, João Vitor (Márcio Araújo), Marcos Assunção e Daniel Carvalho (Luan); Mazinho e Betinho. Técnico: Luiz Felipe Scolari.

A história das camisas da **S. E. PALMEIRAS** UNIFORMES CAMPEÕES

▶▶ 2015 Copa do BRASIL

▶▶ 2016 Campeonato BRASILEIRO

▶▶ 2018 Campeonato BRASILEIRO

Após temporada turbulenta em 2014, a palavra "reestruturação" foi a principal cartada palmeirense para o ano de 2015. O primeiro passo foi dado na diretoria de futebol, com Alexandre Mattos, que encabeçou a reformulação do departamento, trazendo novos profissionais de diversas áreas e 25 novos jogadores ao longo da temporada. Além disso, o clube acertou o patrocínio máster da camisa com a Crefisa e viu seu programa de sócio-torcedor Avanti decolar e atingir o topo da lista entre os clubes brasileiros. O ano foi marcado também pela consolidação do Allianz Parque como aliado na ascensão alviverde.

Partida Título: 02/12/2015 | Palmeiras 2 (4) x (3) 1 Santos/SP
Estádio Arena Allianz Parque, São Paulo-SP
Escalação: Fernando Prass; João Pedro (Lucas Taylor), Vitor Hugo, Jackson e Zé Roberto; Matheus Sales, Arouca e Robinho; Gabriel Jesus (Rafael Marques), Dudu e Lucas Barrios (Cristaldo). Técnico: Marcelo Oliveira

A torcida do Palmeiras aguardou 22 anos para voltar a comemorar o título do Campeonato Brasileiro, mas o time de 2016 tratou de compensar a longa espera com uma temporada acima da média. Incontestável, a equipe dirigida por Cuca quebrou tabus, bateu recordes e garantiu o tão esperado Eneacampeonato. Com 80 pontos, o Verdão obteve a segunda melhor campanha da competição desde 2006, quando o nacional passou a ser disputado por 20 clubes, e parou a Avenida Paulista na celebração que levou milhares de palmeirenses.

Partida Título: 27/11/2016 | Palmeiras 1x0 Chapecoense/SC
Estádio Allianz Parque, São Paulo-SP
Escalação: Jailson (Fernando Prass); Fabiano (Gabriel), Edu Dracena, Vitor Hugo e Zé Roberto; Tchê Tchê (Thiago Santos), Jean e Moisés; Dudu, Róger Guedes e Gabriel Jesus. Técnico: Cuca

O Palmeiras venceu o Vasco/RJ por 1 a 0, em São Januário-RJ, gol de Deyverson, no segundo tempo, e garantiu o título do Campeonato Brasileiro pela 10ª vez na história. Um feito inédito, já que nenhum time do país havia alcançado a expressiva marca de uma dezena de troféus do principal torneio nacional. Palmeiras comemorou o Decacampeonato brasileiro.

Com a conquista, o Verdão também ampliou sua vantagem como Maior Campeão do Brasil: além dos dez troféus do Brasileirão, o time faturou a Copa do Brasil três vezes e a Copa dos Campeões em uma oportunidade, totalizando 14 taças nacionais.

Partida Título: 25/11/2018 | Vasco/RJ 0x1 Palmeiras
São Januário. Rio de Janeiro-RJ
Escalação: Weverton, Mayke, Luan, Gustavo Gómez e Diogo Barbosa; Felipe Melo, Bruno Henrique, Lucas Lima (Gustavo Scarpa), Dudu e Willian (Jean); Borja (Deyverson). Técnico: Luiz Felipe Scolari

A história das camisas da S. E. PALMEIRAS UNIFORMES CAMPEÕES

2020 Campeonato PAULISTA | 2020 Taça LIBERTADORES | 2020 Copa do BRASIL

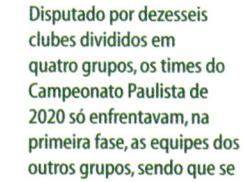

Disputado por dezesseis clubes divididos em quatro grupos, os times do Campeonato Paulista de 2020 só enfrentavam, na primeira fase, as equipes dos outros grupos, sendo que se classificavam para as etapas eliminatórias os dois primeiros colocados de cada pelotão. Ou seja: todos os times disputavam 12 partidas nesta fase inicial – fórmula essa que já vinha sendo utilizada desde 2011, com a diferença de que, neste ano, as quartas de final e as semifinais seriam disputadas em jogos únicos. E a final em partidas de ida e volta.

Superação. Nenhuma outra palavra é tão precisa quanto essa para definir a campanha que garantiu ao Palmeiras o bicampeonato da Conmebol Libertadores. Em uma temporada atípica, marcada pela luta contra a Covid-19, o Maior Campeão do Brasil teve de enfrentar diferentes percalços para repetir a façanha alcançada em 1999 e conquistar o mais importante troféu do continente, diante do Santos, no Maracanã.

O ano de 2020 (estendido a 2021) ficará eternizado na história palestrina pela conquista da Tríplice Coroa. Depois de faturar o Campeonato Paulista e a Conmebol Libertadores, o Palmeiras se sagrou tetracampeão da Copa do Brasil com vitória sobre o Grêmio na final. Desde 1993, quando ganhou os títulos Paulista, Brasileiro e do Torneio Rio-São Paulo, o Verdão não levantava três troféus na mesma temporada.

Partida Título: 08/08/2020 | Palmeiras 1 (4) x 0 (3) Corinthians/SP
Estádio Allianz Parque, São Paulo-SP
Escalação: Weverton; Marcos Rocha, Felipe Melo, Gustavo Gómez e Viña; Patrick de Paula, Gabriel Menino (Rony) e Ramires (Bruno Henrique); Willian (Lucas Lima), Zé Rafael (Raphael Veiga) e Luiz Adriano (Gustavo Scarpa). Técnico: Vanderlei Luxemburgo.

Partida Título: 30/01/2021 | Palmeiras 1x0 Santos/SP
Estádio Maracanã, Rio de Janeiro-RJ
Escalação: Weverton; Marcos Rocha, Luan, Gustavo Gómez e Matías Viña; Danilo, Raphael Veiga (Alan Empereur), Zé Rafael (Patrick de Paula) e Gabriel Menino (Breno Lopes); Rony (Felipe Melo) e Luiz Adriano. Técnico: Abel Ferreira.

Partida Título: 07/03/2021 | Palmeiras 2x0 Grêmio/RS
Estádio Allianz Parque, São Paulo-SP
Escalação: Weverton; Marcos Rocha, Gustavo Gómez, Alan Empereur e Matías Viña; Felipe Melo, Zé Rafael (Patrick de Paula) e Raphael Veiga (Mayke); Rony, Luiz Adriano (Willian) e Wesley (Gabriel Menino). Técnico: Abel Ferreira

A história das camisas da S. E. PALMEIRAS — UNIFORMES CAMPEÕES

2021 Taça LIBERTADORES   2022 Recopa SUL-AMERICANA   2022 Campeonato PAULISTA

Campeão de 2020, o Palmeiras defendeu seu título em 2021 e se consolidou como o melhor time brasileiro na CONMEBOL Libertadores. O Verdão demonstrou toda a sua tradição no torneio de maneira incontestável: para conquistar o tricampeonato, o Maior Campeão do Brasil superou em seguida três equipes que já venceram a competição continental: São Paulo/SP, Atlético/MG e Flamengo/RJ.

Disputada em jogos de ida e volta, a Recopa Sul-Americana coloca frente a frente os campeões da Taça Libertadores e da Copa Sul-Americana da temporada anterior. Após o tricampeonato da Libertadores em 2021, o Palmeiras superou o Athletico/PR para conquistar uma taça inédita e faturar o primeiro título internacional da história do Allianz Parque (o terceiro na casa palmeirense, considerando os troféus levantados quando o local era o antigo Estádio Palestra Italia).

Em uma disputa épica, o Palmeiras superou o São Paulo/SP na decisão para conquistar seu 24º título paulista. O time de Abel Ferreira entrou determinado a reverter o placar da ida e sair do Allianz Parque com o título. Aos 27 minutos do primeiro tempo, Danilo e Zé Rafael já tinham empatado o confronto no placar agregado. Na segunda etapa, Raphael Veiga, como de costume, provou ser decisivo: primeiro, o meia recebeu cruzamento após linda jogada de Dudu para marcar um golaço e deixar o time muito perto da taça estadual; depois, Gabriel Veron deu a assistência para o camisa 23 marcar seu 9º gol em finais pelo clube e liquidar a partida.

Partida Título: 27/11/2021 | Palmeiras 2 x 1 Flamengo/RJ
Estádio Centenário, Montevidéu-URU
Escalação: Weverton; Mayke (Gabriel Menino), Luan, Gustavo Gómez e Piquerez (Felipe Melo); Danilo (Patrick de Paula), Zé Rafael (Danilo Barbosa), Raphael Veiga (Deyverson) e Gustavo Scarpa; Dudu (Wesley) e Rony. Técnico: Abel Ferreira.

Partida Título: 02/03/2022 | Palmeiras 2 x 0 Athletico/PR
Estádio Allianz Parque, São Paulo-SP
Escalação: Weverton; Marcos Rocha, Gustavo Gómez, Murilo e Piquerez; Danilo, Zé Rafael (Jailson) e Raphael Veiga (Mayke); Dudu (Atuesta), Gabriel Veron (Wesley) e Rony. Técnico: Abel Ferreira.

Partida Título: 02/04/2022 | Palmeiras 4 x 0 São Paulo/SP
Estádio Allianz Parque, São Paulo-SP
Escalação: Weverton; Marcos Rocha, Gustavo Gómez, Murilo e Piquerez (Jorge); Danilo, Zé Rafael, Raphael Veiga e Gustavo Scarpa (Wesley); Dudu (Mayke) e Rony (Gabriel Veron). Técnico: Abel Ferreira.

UNIFORMES
COMPLETOS

Neste capítulo vamos fazer uma compilação dos uniformes completos do Verdão ao longo dos seus mais de 100 anos de história.

A história das camisas da S. E. PALMEIRAS UNIFORMES COMPLETOS

1915	1916	1916

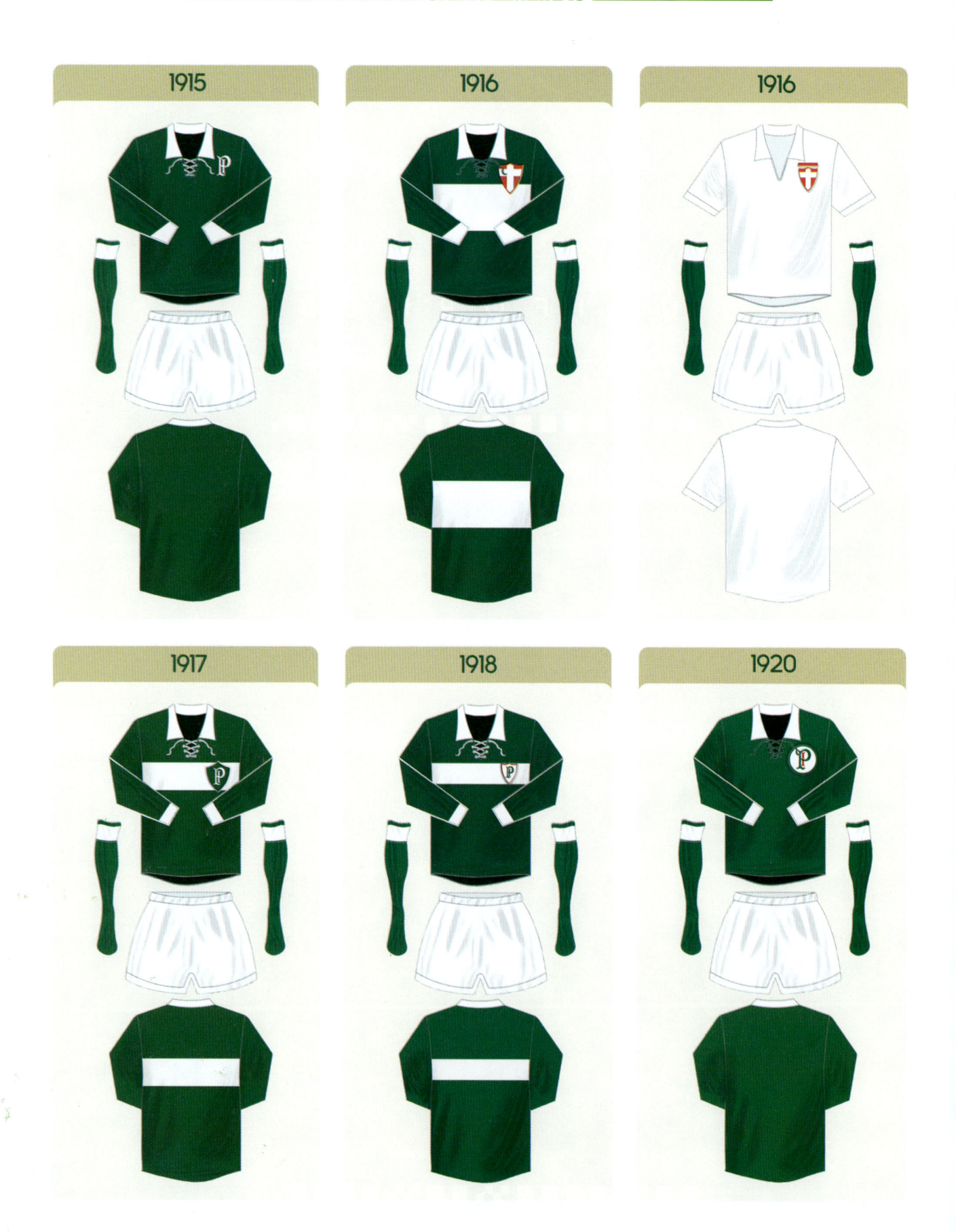

1917	1918	1920

A história das camisas da S. E. PALMEIRAS — UNIFORMES COMPLETOS

1927

1929

1932

1937

1938

1940

A história das camisas da S. E. PALMEIRAS — UNIFORMES COMPLETOS

1942

1948

1955

1958

1959

1960

A história das camisas da **S. E. PALMEIRAS** UNIFORMES COMPLETOS

1961	1963	1967
1967	1969	1971

A história das camisas da **S. E. PALMEIRAS** UNIFORMES COMPLETOS

1971	1972	1973
1973	1974	1975

250

A história das camisas da S. E. PALMEIRAS — UNIFORMES COMPLETOS

1976	1977	1977
1977	1978	1978

A história das camisas da S. E. PALMEIRAS — UNIFORMES COMPLETOS

1980

1980

1981

1981

1983

1983

A história das camisas da S. E. PALMEIRAS — UNIFORMES COMPLETOS

1987
1987
1989
1989
1992
1992

A história das camisas da S. E. PALMEIRAS — UNIFORMES COMPLETOS

1992

1993

1993

1994

1994

1996

A história das camisas da **S. E. PALMEIRAS** UNIFORMES COMPLETOS

1996	1996	1996
1996	1996	1996

255

A história das camisas da **S. E. PALMEIRAS** UNIFORMES COMPLETOS

| 1997 | 1997 | 1997 |
| 1998 | 1998 | 1999 |

A história das camisas da S. E. PALMEIRAS — UNIFORMES COMPLETOS

| 1999 | 1999 | 2000 |
| 2000 | 2000 | 2000 |

A história das camisas da S. E. PALMEIRAS — UNIFORMES COMPLETOS

2000	2000	2001
2001	2001	2001

A história das camisas da S. E. PALMEIRAS — UNIFORMES COMPLETOS

2001

2002

2002

2002

2003

2003

A história das camisas da S. E. PALMEIRAS — UNIFORMES COMPLETOS

2003

2003

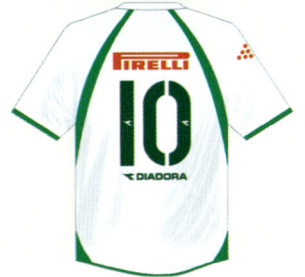

2004

2004

2004

2005

A história das camisas da **S. E. PALMEIRAS** UNIFORMES COMPLETOS

| 2005 | 2006 | 2006 |
| 2006 | 2007 | 2007 |

A história das camisas da S. E. PALMEIRAS — UNIFORMES COMPLETOS

2007
Cinturato P4 / PIRELLI — 3 DININHO

2009
SAMSUNG — 5

2009
SAMSUNG — 4

2009
SAMSUNG — 28 OBINA

2009
SAMSUNG — 5 PIERRE

2009
SAMSUNG — 11 MARQUINHOS

A história das camisas da S. E. PALMEIRAS — UNIFORMES COMPLETOS

2010
- FIAT / CASE / 5 PIERRE

2010
- CASE / SKILL / FIAT / 34 GABRIEL

2010
- FIAT / SKILL / CASE / 29 DINEI

2011
- FIAT / BMG / SKILL / CASE / 20 M. ASSUNÇÃO

2011
- CASE / SKILL / FIAT / BMG / 29 BARCOS

2011
- FIAT / SKILL / BMG / CASE / 29 DINEI

A história das camisas da S. E. PALMEIRAS — UNIFORMES COMPLETOS

2012
2012
2013
2013
2013
2013

A história das camisas da S. E. PALMEIRAS — UNIFORMES COMPLETOS

2014
- JOSIMAR 15

2014
- WENDEL 13

2014
- EGUREN 5

2014
- JUNINHO 6

2015
- L. PEREIRA 17

2015
- JOÃO PAULO 6

A história das camisas da S. E. PALMEIRAS — UNIFORMES COMPLETOS

2015
CRISTALDO 9

2016
G. JESUS 33

2016
TCHÊ TCHÊ 32

2016
GABRIEL 18

2017
VALQUIRIA 8

2017
LUAN 13

A história das camisas da S. E. PALMEIRAS — UNIFORMES COMPLETOS

2017
2018
2018
2018
2019
2019

A história das camisas da S. E. PALMEIRAS — UNIFORMES COMPLETOS

2019	2019	2020
FELIPE MELO 30	WILLIAN 29	DUDU 7

2020	2020	2021
FELIPE MELO 30	L. ADRIANO 10	R. VEIGA 23

A história das camisas da S. E. PALMEIRAS — UNIFORMES COMPLETOS

2021

2021

2022

2022

2022

A história das camisas da S. E. PALMEIRAS MANTOS PESSOAIS

Minhas abençoadas filhas, Raíssa e Thaíssa, e fotos da minha coleção de camisas e souveniers do Verdão.

Referências

Jornais

A Gazeta Esportiva-SP
A Tribuna-SP
Correio da Manhã-RJ
Correio de São Paulo
Correio Paulistano
Diário da Noite-RJ
Diário da Noite-SP
Jornal dos Sports-RJ
Mundo Esportivo-SP
O Fluminense
Última Hora-RJ

Revistas

A Cigarra-SP
A Gazeta Esportiva Ilustrada-SP
A Vida Moderna-SP
Esporte Ilustrado-SP
Illustração Paulista
Manchete Esportiva-RJ
Manchete-RJ
Mundo Ilustrado-RJ
O Cruzeiro-RJ
Realidade-SP
Revista da Semana-RJ
Revista do Esporte-RJ
Revista Placar
São Paulo Illustrado
Sport Ilustrado-RJ
Vida Paulista
Vida Sportiva-RJ

Revistas Oficiais

Revista Campeoníssimo
Revista Periquito 70
Revista do Palmeiras
Revista Novo Palmeiras
Vida Esportiva Paulista
Vida Palestrina

Livros

A História do Palestra Italia – Olimpicus
Álbum 60 anos do COF 1945-2005
Álbum de Ouro – Copa Rio 1951
Álbum de Ouro Supercampeonato de 1959
Álbum Especial Jubileu de Ouro 1964
Almanach Esportivo – Thomaz Mazzoni – 1928-1948
Almanaque do Palmeiras – 2004
História do Futebol no Brasil – Thomaz Mazzoni
O Caminho da Bola – Vol. 1 e 2
A história das camisas dos 12 maiores clubes do Brasil

Sites

Acervo Folha-SP
Acervo O Globo-RJ
Acervo OESP
Arquivo Público do Estado de SP
Folhapress
Gazetapress
Hemeroteca Digital Brasileira
Mantos Históricos Palmeiras

Dados biográficos

Mauricio Rito (Ilustrações e pesquisa)

Mauricio Rito nasceu em 15 de fevereiro de 1971, em São Paulo (SP), e se formou em designer gráfico se especializando em jornalismo esportivo e multimídia. Com o passar dos anos acabou se especializando em ilustrações de uniformes de clubes de futebol, tendo em seu acervo ilustrado quase 5.200 camisas desenhadas, entre clubes brasileiros, europeus e seleções. Passou por grandes agências e portais relacionados a futebol, como: NetGol.com (Traffic Sports Marketing), Gazeta Esportiva, UOL Esporte (Universo Online) e Lance!Net (Diário Lance!). Atualmente atua como designer no Departamento de Marketing S.E. Palmeiras. Ilustrador do livro A História das Camisas dos HISTÓRIA DAS CAMISAS DOS 12 MAIORES TIMES DO BRASIL, A HISTÓRIA DAS CAMISAS DE TODOS OS JOGOS DAS COPAS DO MUNDO, A HISTÓRIA DAS CAMISAS DOS 10 MAIORES TIMES DA EUROPA, todos publicados pela Editora Panda Books.

mritos@gmail.com /mauricio.rito.5 /mauricio_rito

Miro Moraes (Pesquisa)

Chegou em São Paulo em 1983, então com 20 anos, vindo de Ourinho (SP). Desde sua chegada na Capital, sempre esteve envolvido na vida do Palmeiras, seja como sócio do clube e principalmente como um frequentador de qualquer Estádio em que time Alviverde estivesse presente. Viveu de perto um dos momentos mais tristes do Palmeiras, que foi o período da fila de títulos que durou de 1976 a 1993. O contato no clube com outros historiadores, fez despertar uma paixão imensa pela História da Sociedade Esportiva Palmeiras! Passou a se dedicar, nos últimos 15 anos, a um intenso estudo e reunir em seu Acervo Digital tudo o que estivesse relacionado ao clube desde sua origem em 1914. Após reunir cerca de 100 mil imagens, principalmente do futebol palmeirense, pôde se dedicar a sua outra paixão que é a de conhecer quais e em que momento foram surgindo cada uniforme que o Palestra Italia-Palmeiras passou a utilizar desde seu primeiro jogo em 24 de janeiro de 1915. É o que pretende trazer neste projeto juntamente com o amigo Maurício Rito.